JN410796

플라스틱 아일랜드

플라스틱 아일랜드

라음동인지 네 번째 묶음

동인지를 내며

벚꽃이 흐드러지게 핀 전농로에서 동인회를 만들자며 의기투합했던 그날이 생각납니다. 사정이 여의치 않아 떠난 이도 있지만, 그래도 같은 곳을 바라보는 동인들이기에 6년이라는 시간을 같이해 올 수 있었다고 생각합니다.

〈고광문학회〉로 시작하여 3권의 동인지를 냈고, 작년에 동인들의 의견에 따라 〈라음문학회〉로 이름을 바꾼 후 시엽서 1300장을 제작하여 무료로 배포하였습니다. 《플라스틱 아일랜드》는 라음이라는 이름으로 내는 첫 동인지입니다. 언제나 '첫'이라는 단어에는 뭔가 모를 기대와 두려움이 같은 비율로 긴장하게 만드는 것 같습니다.

어느 조사에 따르면 우리나라 사람들은 연평균 330잔의 커피, 120병의 맥주, 90병의 소주를 마신다고 합니다. 그러나 1년에 책은 단 한 권도 읽지 않는 사람이 수두룩하다는 기사를 봤습니다. 커피 두 잔 값밖에 안 하는 얇은 시집 한 권도 읽지 않는다는 현실이 서글퍼지지만 혹여 누군가 우리 동인지를 전철이나 버스에서 읽어 줄 것이라는 작은 기대를 하고 싶습니다.

작품을 내주신 동인 여러분 고맙습니다. 올 한 해도 참 행복한 시간이었습니다. 언제나 좋은 일들만 가득하시기 바랍니다.

비 내리는 11월 어느 날 밤

라음문학회 회장 이 민 화

플라스틱 아일랜드

차 례

초대시

황학주
김완하
김혜영
정찬일
이종섭

앞에 사람이 있다는 신호가 온다

황학주

비자나무 숲에 가루눈을 청해놓고
비누질을 하듯 새가 가지를 옮겨 앉는다

어디선가 나를 바라보는 그대가 없다면
새도 나처럼 아픈 걸 몰랐을 테지

엇그제처럼 춥지는 않고
아무래도 이건 하늘을 면회하는 일,
허공에 누워버린 가지처럼 얼굴에 눈을 맞는다

보이는 손금을 찾지 못해 눈 속에 서 있는 사람이
있다는 신호가 내게 온다

숲에선 줄기 없는 눈이 자라고
눈의 조류 위로 음유가 날아다닌다

내게로 오는 묵즙 같은 사람과 눈 속에 마주하고 있다
당신이 몰래 보여준 발은 발등이 접혀 있었다

허공을 디디며 수없이 빠지던
길고 가느다란 새의 발처럼

눈의 여울 속으로
가지를 드리운 손금이 있다

황학주
1987년 시집 《사람》으로 등단.
시집 《루시》, 《너무나 얇은 생의 담요》, 《저녁의 연인들》, 《노랑꼬리 연》, 《사랑할 때와 죽을 때》 등.

어떤 순례巡禮

김완하

바람에 온몸을 휘는 풀잎에 절하고

저 눙쳐 있는 구름 보고 절한다

길가,

물 따라 오르는 송사리 보고 절하고

강아지풀에 차여 넘어져 절한다

뒤로 넘어져서 절하고

햇살 한 장

낙엽처럼 덮고 절한다

한밤 절로 깊어지고 나의 잠은 달디 달다

김완하

1987년 《문학사상》으로 등단.

시집 《길은 마을에 닿는다》, 《그리움 없인 저 별 내 가슴에 닿지 못한다》, 《네가 밟고 가는 바다》, 《허공이 키우는 나무》, 《절정》 등.

글래스 보트 Glass Boat

김혜영

A- 글래스 보트와 유리창

오키나와 해변의 모래는 조개의 속살처럼 부드러워. 너의 살결을 만지듯 해변을 맨발로 걸었어. 남쪽 끝은 열대의 꽃향기가 출렁거렸지. 바다의 얼굴은 푸른 유리창에 어른거리는 빛처럼 흔들렸어. 우린 다정하게 서로의 물속을 들여다보았지.

해변에 정박한 글래스 보트를 탔어. 보트 바닥에 바다로 열린 유리창이 있었지. 우린 가만히 유리창을 열었어. 갈색 산호초 사이로 열대어는 물결의 반지를 만들며 유영하고 있었지. 흩날리는 실핏줄처럼 보트는 바다로 나아갔지.

느릿느릿 흔들리는 램프처럼 우린 나란히 누워 있었지. 넌 알고 있니. 우리에게 닿은 물방울이 젖으면 물빛의 행성이 된다는 것을. 물빛은 푸르게 우리의 알몸을 감싸주었지.

B- 그때는 알았을까 우리가 사랑했다는 것을

아득한 바다을 향해 창문을 여는 이유가
제국의 욕망이었는지
연인의 질투였는지

그때는 알지 못했을 거야
그때는 눈보라 이야기를 잊었을 거야

C- 오키나와 해녀의 눈동자처럼

오키나와 해변의 모래는 두 귀를 마주 대고 속삭이지. 해안 절벽 위로 오월의 햇살이 걷고 있어. 2차 세계대전이 끝난다는 속보가 라디오에서 들려올 때 병사들은 애인의 얼굴을 떠올렸을까. 국기 휘날리는 함선에서 노래를 불렀을까.

해안 절벽에서 바다로 뛰어든 병사들, 밍크고래가 병사를 물고 산호초 동굴로 사라졌지. 검은 돌무덤에서 조선인 징용자의 뼈 조각들이 걸어 나왔지. 돌무덤에서 천둥소리가 들려와, 환청처럼 귀는 점점 길어지고 물고기 지느러미는 회색 그림자를 흔들며 다가왔지.

오키나와 해녀는 바구니를 안고 푸른 바다로 잠수를 하네. 시계추처럼 축 늘어진 젖가슴과 일렁이는 주름 사이로 눈빛은 투명해. 열대어처럼 지느러미를 흔들고 그물에는 문어가 꿈틀거려. 서늘한 칼날에 키스하는 벚꽃, 물결을 거스르는 고무 옷이 무거워. 딱딱하게 굳어지는 어깨가 무서워.

에도시대 무사가 군마를 타고 달려오는 소리, 긴 칼을 찬 사무라이는 목선을 타고 사랑을 고백했을까. 고백이라는 양식은 위장된 언술, 오키나와는 섬으로 이루어진 문장이지. 천년이 지나면 돌무덤은 알게 될 거야. 제국을 거부한 해녀들이 펄럭이는 자유를 원했다는 것을. 창문을 바닥에 내는 것은 오키나와 해변에서 가능한 사건이었음을.

Z- 침대 위로 벚꽃은 흩날리고

평화공원 광장에 햇빛이 한가롭고
얼굴 없는 유령들의 묘비가
둥그런 신전 기둥처럼 서 있어

우린 글래스 보트를 타고 느릿느릿 흔들렸지
두 손바닥이 닿자 침대 위로 벚꽃은 흩날렸지

김혜영
1997년 《현대시》로 등단.
시집 《거울은 천 개의 귀를 연다》, 《프로이트를 읽는 오전》. hyeyoungsea@daum.net

고어古語를 읽는 밤

정찬일

깨어 있으면서도 몸의 말이, 말의 몸이 뒤척입니다. 말은 검은 복면을 한 자객처럼 말을 월경越境하고, 허연 달빛 아래 몸은 몸을 월경하며 몸에 몸을 포갭니다.

古語를 읽다가 문득 아랫도리를 내려다봤습니다. 내 마음의 가장 먼 곳에 있으면서도 내 말을 몸으로 잘 알아듣던 발, 발의 몸피 위의 몸피인 구두의 뒷굽이 많이도 닳아 있었습니다.

닳아진 만큼의 각도가 내가 세상에서 나 자신을 잃고 보낸, 기우뚱한 시간의 각도가 됩니다. 이미 사라진 구두의 뒷굽 부분을 뭐라고 불러야 하나요. 닳고 닳아서 사라진 수많은 내 구두의 뒷굽들을 뭐라고 불러야 하나요. 無인가, 空인가, 형체가 없어도 아직도 구두의 뒷굽인가, 아니면 나 몰래 환원된 내 몸으로 봐야 하는가를 오래도록 생각하다가 고어들을 다시 읽기 시작합니다.

지금 나는 다른 몸피를 뒤집어 쓴 고어들을 읽고 있습니다. 하지만 지금 나는 고어에 대해서 애기하는 게 아닙니다. 닳아 없어진 수많은 구두의 뒷굽에 대해서도 애기하는 게 아닙니다.

말이 몸으로 몸이 말로 뒤척이는 밤입니다. 앞이 뒤가 되고 뒤가 앞이 되는 밤입니다. 또다시 몸의 가까운 모퉁이에서 환한 꽃의 길이 시작됩니다. 또다시 몸의 가까운 모퉁이에서 윤 9월 열나흘, 달의 길을 밟으며 꽃의 그늘이 이울고 있습니다.

남의 몸피를 뒤집어 쓴 古語 같은 밤, 몸의 가까운 모퉁이에서 짙은 피 냄새 스며 있는 이교도들의 교의教義처럼 뒤척이고 또 뒤척이며 나 홀로 깊어가고 있습니다.

물환론적인*밤입니다.

*물환론(animism): 물건이나 현상이 살아서 움직이는 것으로 생각하는 것.

정찬일
1998년 《현대문학》으로 등단. 2005년 문화일보 신춘문예 소설 당선.
시집 《죽음은 가볍다》.

풍선

이종섶

바람을 먹고 사는 짐승을 보았다
무형의 기체를 마시면 커졌다, 작아졌다를 자유롭게 할 수 있었다

몸집을 줄이거나 부풀릴 수 있는 것들의 생물학에서
바람을 먹고 산다는 종의 가설

바람을 맞았다, 바람을 피운다
관습으로 정착된 이런 말들을 영역표시에 관한 연구 결과로 내어 놓은 건
아무래도 바람을 주식으로 삼는 동물에게는 무례한 일이다

가지 많은 나무 바람 잘 날 없다는 예의바른 말이 어울리지 않는가
바람을 팔아 먹고사는 영장류는 가지 없는 나무로 집을 짓는다

뿌리 없이도 꽃을 피우는 한 가닥 가느다란 넝쿨 줄기 끝에
동그랗게 출생했다가 어느 순간 성장을 멈춘 바람의 몸뚱어리

필시 키와 몸무게뿐만 아니라 마음과 정신까지도 평생 자라지 않는 천형을 받았을 것이다

주인의 입에만 순응하며 사는 저 가여운 인생이
언제 터질지 모르는 불안에 흔들리고 있다

파괴가 자행되는 곳에 탈출이 있어도
투명인간은 털끝 하나 다치지 않고 탈옥 사실조차 모른다

신기에 가까운 유체이탈을 목격한 자 이 세상에 단 한 사람도 없다

먹히는 것 같으나 사실은 그렇게 피부를 이식받으며 살아남는

바람의 생존비기

멸망의 날에도 바람은 최후까지 살아남을 것이다

이종섶
2008년 대전일보 신춘문예로 등단.
시집 《물결무늬 손뼈 화석》, 《바람의 구문론》.

고은영

사이드 이펙트
너를 알기까지
대패질하는 사람들
망상공원 산책하기
냉장고 속 바다

silver-black@hanmail.net

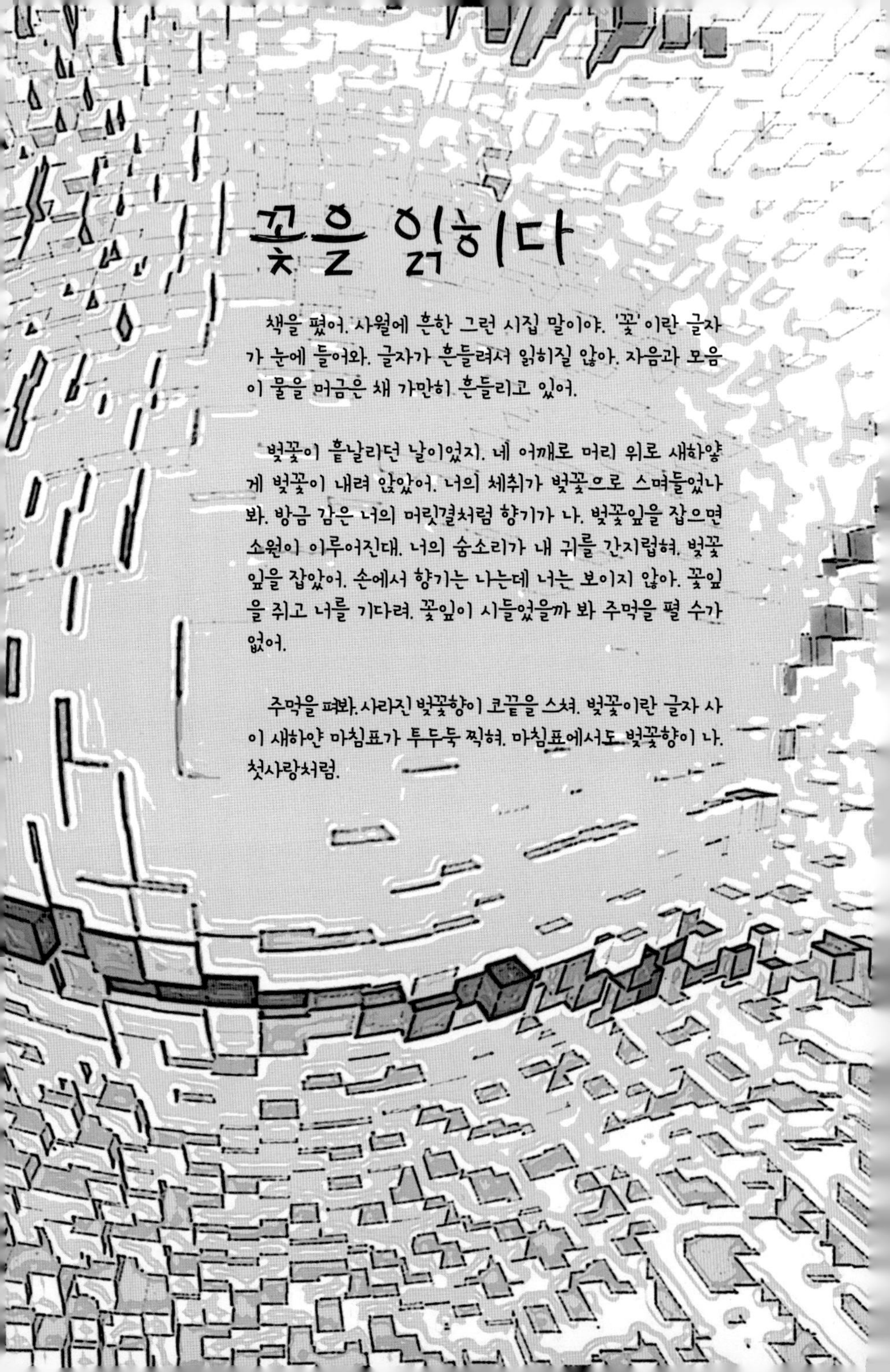

꽃을 읽히다

책을 폈어. 사월에 흔한 그런 시집 말이야. '꽃'이란 글자가 눈에 들어와. 글자가 흔들려서 읽히질 않아. 자음과 모음이 물을 머금은 채 가만히 흔들리고 있어.

벚꽃이 흩날리던 날이었지. 네 어깨로 머리 위로 새하얗게 벚꽃이 내려 앉았어. 너의 체취가 벚꽃으로 스며들었나 봐. 방금 감은 너의 머릿결처럼 향기가 나. 벚꽃잎을 잡으면 소원이 이루어진대. 너의 숨소리가 내 귀를 간지럽혀. 벚꽃잎을 잡았어. 손에서 향기는 나는데 너는 보이지 않아. 꽃잎을 쥐고 너를 기다려. 꽃잎이 시들었을까 봐 주먹을 펼 수가 없어.

주먹을 펴봐. 사라진 벚꽃향이 코끝을 스쳐. 벚꽃이란 글자 사이 새하얀 마침표가 투두둑 찍혀. 마침표에서도 벚꽃향이 나. 첫사랑처럼.

사이드 이펙트

라식수술을 하고 병원문을 나서자
뿔테에 잘렸던 풍경들이 경계를 갖는다.
은행잎이 노오랗게
보도블럭 갈라진 틈을 어루만지는 동안
세상모서리에 부딪치던 무릎은
멍자국을 품고
은행잎 안에 잠이 든다.
흐릿한 침묵으로
코끝에 걸려 있던 풍경들이 달려든다.
실바람에 발가벗은 듯
눈이 아린데,

너의 등을 보고도 더 이상 눈물이 나지 않는다.

너를 알기까지

딸깍,
오촉 스탠드 불빛이 동그란 바다를 만든다.
모나미 볼펜으로 바다의 깊이를 재어본다.
점이 찍히고 선이 그어지고
까맣게 의미가 지워지고
파닥거리는 은유 하나가 지느러미를 보인다.
누런 바다에 까만 똥들을 오징어배처럼 밝혀두고
한숨으로 미풍을 만든다.
모음은 매끈한 다리만 내놓은 채
자음과 분리되어 부유한다.
'나'를 지우고 '너'를 쓰자
바다의 경계가 사라진다.
새벽이 오나 보다.

대패질하는 사람들

저녁 6시, 수당 없는 근무가 시작된다.

구석에 쌓인 톱밥이 키를 높여 둔덕을 만든다.

창문 밖의 바람은 비자 없이도 둔덕을 넘는다.

출국당한 싱이 톱밥 둔덕 아래에서 나딤에게 손을 흔든다.

나딤, 사막에서 밤을 지새울 때는 땅을 파야 해. 무덤처럼 깊게 파고 아기처럼 쪼그려 모래 둔덕에 깔리지 않게 알라께 빌어야지.

눈꺼풀이 감기고, 대패를 잡은 손에 힘이 빠진다. 기침소리에 둔덕이 무너진다. 집으로 가는 길이 보이지 않는다.

합장을 하고 두 손을 머리 위로 뻗어 알라를 경배하라.

매끈한 마룻바닥에 나딤의 이마가 닿는다.

마루판 틈이 이어져 지도를 만든다.

나마스떼

망상공원 산책하기

3.

한 걸음 걸으면 어제가 지워질까 발걸음은 주춤댄다.

흘러내리는 기억 하나, 너덜거리는 손가락에 걸린다.

중력을 따라 여자의 우윳빛 향기마저 빠져나간다. 떨리던 속눈썹이, 머릿결을 타고 은하수처럼 흘러내리던 까만 점들이 머릿속에서 증발된다.

2.

벤치에 누워 하늘을 안아 본다.

노란 구름, 보랏빛 하늘.

구름이 흩어질 때마다 가느다랗게 어깨가 떨린다.

삐꺽거리는 나사에서 낯익은 해인초 향이 스멀거린다.

파란 바다, 파란 하늘이 만나

구름을 타고 미역을 건져 올리는

공원 안에서 흐느적거리며 팔을 뻗어본다.

음, 파, 음, 파.

1.

저승에서 하루는 이승에서 일 년.
집주소를 구겨 쓰레기통에 던지자
비밀번호 오류로 굳게 닫히는 문
버러지 같은,
손잡이를 잡고 있는
너의 심장소리가 더욱 크게 들린다.

0.

납작 앉아 뭉뚱그려진 것들에게 이름을 붙여본다.
환삼덩굴, 애기똥풀, 개망초, 단풍잎 돼지풀.
내 앞에서 항상 너일 수밖에 없는 이름.

냉장고 속 바다

편의점 조끼를 입고 계산대에 서는 순간,
나는 진열된다.
참치김밥, 샌드위치, 도시락, 바나나 우유처럼.
여름 햇살은 유리창을 통과하지 못한 채
소름이 돋는다.
물건들이 늘어날수록 숨소리는 조금씩 작아진다.

고장 난 냉장고에서 위이잉 파도소리가 나면
가자, 파도거품이 바람을 타고 하늘까지 오르는 바다로! 엄마가 섬
그늘에 굴 따라가서 패총무덤 수북한 그곳으로!
바닷물이 넘칠까 냉장고문을 얼른 닫고 이를 깨문다.
앙다문 입술에 받침이 뭉그러진다.
그래서 바다에는 받침이 없다.

고희화

부재중

부성

어머니의 집

꽃샘 ᄇᆞ름 속에 피는 꽃

선달 그믐밤의 진혼곡

6846hee@hanmail.net

오사카 시누이

흰머리 희끗희끗한 시누는
노을지는 돌담길에 보리 꽃 피면
습관처럼 마음이 아프단다

조그마한 손에 꼬깃꼬깃 구겨진
십 원짜리 쥐여 주고
돌담길 돌아 일본으로 간 어머니

나이가 들어 어머니 찾아간 일본
어머니의 간이 침대가
좁은 방을 지키고 있어

저 보리밭에 노을이 내리면
돌아오지 않는 어머니 기다린다
어머니보다 더 나이 든 시누이가

부재중

잠긴 서랍이 삼 년 만에 열렸다
귀한 게 없어 방치했던 서랍 속에
동창회 각종 단체 수첩, 정기총회 유인물, 환경단체 창간호들이
풀리지 않는 안건으로 삼 년 동안 수감되었다
낡은 수첩 무심히 넘긴다
한결같이 웃고 있는 얼굴 옆에
가위표 세모 동그라미 암호처럼 그려져 있다
손전화기 없는 사진 속 언니에게 전화를 걸었다
김봉숙 언니 댁이시죠? 언니 계시면 바꿔주세요
이 년 전 세상을 등졌다는 목소리 굵은 남자의 음성
서랍 속 미제의 일들이 퍼즐 맞추듯 그려진다
보내지 못했던 메시지가 튀어나온다

본인상
회원 여러분의 많은 참여 부탁 드립니다

— 총무

부성父性

숭숭한 구멍 속으로 들락거리는 솔바람
파도소리되어 돌아오고
밭담 다우는 아버지의 거친 숨소리 밭고랑으로 숨어든다
아방은 밭담 ᄒᆞ나 다와도 ᄏᆞ찡
우리 아덜 밭담은 ᄇᆞ름 ᄒᆞ썰만 불민 멜라지켜
아방은 아덜 밭담에 돌주석 ᄒᆞ나 담아준다
큰 ᄇᆞ름 불어도 미깡ᄀᆞ장 자락자락 피던 서홍리 낭 밭

아덜 장가보내젠 똠으로 일군 낭밭 폴앙
뒤돌아서서 눈물 훔치던 아방

어욱 휘골기는 뱅듸에
오롯이 앉은 봉분 하나
분시 모르던 아덜
낭 밭담 다왔던 작지 모앙
아방 산담 다와주곡

"잘들 살암샤"

돌ᄀᆞ망 ᄀᆞ망 사이 바람인 듯 들려오는 아방 목소리

어머니의 집

어머니가 살던 동네에 갔어
노란색 페인트가 흉물스럽게 벗겨져
찬바람만 대문을 넘나들 것 같아
차마 오지 못했던 집

집 근처에서 서성이다
뒷 굽 들고 대문 안을 들여다본다
평상에 앉아 늦은 저녁을 먹으며 웃고 있는 어머니

천장에 희미한 전등과 메주 두 덩이
흰 머리카락 찾던 작은 손가락
늦은 밤 어머니의 코 고는 소리와
파도소리가 흙담 너머 들린다

누가 찬거리 들고 마루에 걸터앉자
강아지가 신발 한 짝 입에 물고 마당 뒤뜰로 사라진다

환하게 웃는 얼굴

아! 어머니

꽃샘 ᄇᆞ름 속에 피는 꽃

사람들은 우리 집을 노형동 큰바랑밭 현 훈장집이라 부른다
명질에 북적이는 권당은 동네 사람들의 부러움이다

1948년 눈 덮인 고요한 겨울
피바람은 우리 동네를 덮쳤네
셋누나가 안고 있던 어린 조카를 내 등에 업고
마을 사람들 따라 부모님과 오른 청산이도 골짜기

토벌대의 기습, 쏟아지는 총알
조카 등에 업고 계곡 아래 몸 던졌다
다시 올라온 계곡 위 아버지만 남으셨네
헐렁한 소매 속 ㄱ슨 손가락으로
눈 위에 흘린 보리쌀 한 알 양말에 주워담던 손끝
알력집 할머니 가슴속 검붉은 피 언 땅을 적시고 있었네

백발이 성성해지면 기억은 색 바랠 만한데

노을이 짙을수록 어린 조카 찾아
아직도 청산이도 골짜기를 헤매네

잠든 조카 굴속에 두고 아버지와
토벌대에 끌려간 북국민학교 운동장
청산이도 골짜기 며칠째 아기 울음소리 들렸다네
동네 사람들도 무서워 굴속에 들어갈 수 없었다는

노형동 큰바랑밭
식게 명질에 사촌 형제들이 뛰놀던 곳
꽃샘 ᄇᆞ름 휩쓸고 간 마당에
연보라 제비꽃 무리 지어 피어 있네

선달 그믐밤의 진혼곡

별도 달도 보이지 않는 바람 부는 공원
속속히 드러내는 알 수 없는 형체들이
이곳에 무슨 일이 있나요?
쉿! 오늘 이 동네에서 사라진 개들을 위한 천도재가 있어
저기 누가 오네요, 어둠 속에서 속삭임이 들린다
어디 아 저 늙은 개? 저기 앞집 폐지 줍는 아저씨네 개지
이 개 잡아 먹으려고 말을 할 때 큰 눈에 글썽이던 눈물. 잊혀지지 않아
저기 또 누가 오는데요
저 개는 건강원 집 앞에서 수건으로 덮여 있던 아이구나
그 뒤에 오는 덩치 큰 녀석은 떠돌이 갠데 새벽에 죽어있는 걸 보았어
아! 복실도? 저 아이는 어릴 때 공원에 버려졌어
그동안 세 번이나 임신했었지
첫 번째 태어난 새끼들을 여드레 만에 누가 다 훔쳐 가
찾아다니는 것 보는데 마음이 아팠어

세 번째 출산 후 새끼들과 유기견 센터로 갔던 앤데 여기 와있구나

아니 저 아이는?

누구요 저기 조그마한 애요?

저 아이가 지헨데 이 동네 터줏대감이지

자비라는 아이랑 형젠데 둘이서 이 동네 저 동네 많이도 다녔지

애교도 많고 샘도 많아 주인에게 사랑을 독차지했던 아이였어

잃어버린 그 날 개장수에게 잡혀 죽었다지

어? 저기 저 애는 아직 어린 애 같은데요

아롱이구나! 새벽에 주인아저씨 뒤따라 나왔다가 교통사고 당한 애야

어둠 속에서 징소리가 길게 울린다

소복 입은 여자가 긴 살풀이수건을 목에 두르고 사뿐 춤추기 시작한다

"주인에게 버림받아 외로이 죽은 불쌍하고 가련한 축생의 영혼들이시여

이제 이생에 미련도 원망도 다 내려놓으시고……
구천을 떠도는 영혼들을 불쌍히 여기시어 부디 거두어 주소서"
시간이 지날수록 세찬 바람 속에 살풀이 춤은 절정에 이른다
여인의 머리 위로 설핏 그믐달이
영혼을 태운 꽃배 한 척 가슴에 안고
이승과 저승을 이어주는 소청을 가르며 여인이 달려간다
둥가둥가 장구 소리에 해금과 어울려 쇠 북의 긴 울음소리
농구대 위에 까마귀가 마른 침을 꼴깍 삼킨다
동녘하늘에 꽃배가 붉게 물들어 간다
제 몸 다 태워 흩어져 가는 겨울 아침

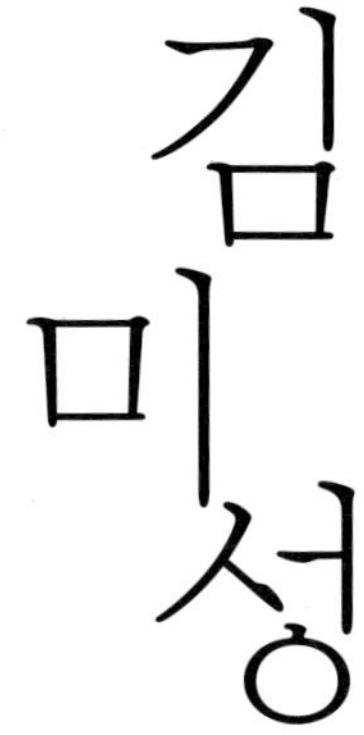

황근

누가 창을 두드리나

담쟁이

또 다른 그리움

아날로그 라디오

hyenyem@hanmail.net

빗소리

토다닥토다닥……
당신이 내게 하고 싶은 말이면 좋겠네
깃털처럼
샘물처럼
기댄 어깨 밀어내지 않고
토닥토닥 어루만져주는
말없는 말
들어도 들어도 질리지 않는
유연한 빗소리, 당신의 말

황근

한여름 천제연해안가
연노란 무궁화가
이슬 머금고 하늘하늘
무엇이 저리 급할까
개미 한 마리
꽃잎 가장자리를 향해
빠르게 간다
이슬과 개미의 아슬아슬한 무게중심
또르르 구르는 이슬, 사라진 개미
그 아름다운 균형
쉬이
톡
가는 계절

누가 창을 두드리나

누가 창을 두드리나
설거지하다
젖은 손 그대로
창가로 간다.

싸그락싸그락
눈은 애교 있는 기척이다
길 위를 일렁이며
훠이훠이 멀어진다.

주사침 같은 햇빛 지나가고
검게 빛나는 길,
질척이는 눈물 눈 거두고
젖어 시린 손도 거두고……

담쟁이

봄부터
그대 볼 수 있는 창을 향해 기어오른다
그대 창에 턱이 닿으면
마음 놓고 바라볼 수 있겠지
무엇을 할까
커피를 마실까
책을 볼까
무슨 책일까
어떤 음악을 들을까
생각하며 다다른 창
그대가 없다, 보이지 않는다
한참 동안 들여다본다
창을 물들이는 저녁노을
창을 울리는 아임 유어 맨*
빨개지는 내 얼굴

*레너드 코헨의 노래

또 다른 그리움

그리움의 끝이라 여기며
어둡고 차가운 생각에
빗장을 거네.

문밖으로 한 발 내디뎠네.

새들의 수다스런 인사
분주한 봄볕의 들판
한 하늘 다른 모습이네.

마음은 순환하는 계절
봄 여름 가을 겨울,
또 다른 그리움.

빗장을 걸었다고
생각이 멈추는 건 아니라네.

아날로그 라디오

무심히 부르는 오래전 유행가
당신과 나 사이에 저 바다가 없었다면……
목이 잠겨 더 이상 부르지 못한다

보리눌 그늘 삼아 나란히 앉은 아버지 어머니
그들의 사근사근한 이야기를 바라보다
쪽마루에 내어놓은 아날로그 라디오의 주파수를 맞춘다
가슴 아프게 가슴 아프게 바라보지 않았으리
어린 내가 흥얼거리던 뜻 모를 유행가는
입추 처서 지난 마당의 흙내와 섞인다

어느새 서향 집 쪽마루에 저녁노을이 걸리었다

나는 흑백사진의 추억을 더듬듯
당신이 그렇게 그리워지는 것이다

퇴고
캐치볼
용암수형석
Kiteflyer's Hill

hoy501@hanmail.net

용암수형석

- 김솔의 시 '용암수형석' 중에서

나무는 돌에 안겨
바람으로 산다
돌은 나무를 품고
바람을 부화시켰다
木生火 火生土
이번엔 무엇인가 싶어
들여다본 자궁 속엔
억새들이 불타고 있다
들판 가득 금빛 노을이 핀다

퇴고

산꼬마부전나비 한 마리 가만히 날갯짓한다
아무렇게나 펴 놓은 책 위 서표처럼 앉아 있다가
공작꼬릿살 부채 슬쩍 저어 본다
고른 숨소리 확인하고서
나풀-
시옷자字 계단 타고 날아오른다
그 휑한 자리, 낱장 들어 긁적이는데
부푼 들숨에서 송충이 하나 몰래 기어 나온다
뒤이어 긴꼬리딱새 총총 나오더니
푸드덕, 넘어가는 무성한 종잇장 헤치고
새끼노루 성큼 나와 돌아보고 달려간다
속에 붙은 삽화들 우르르 토해내는
머리맡 격한 기침소리
흰 바탕에 겨우 잦아드는 검댕가루 되고
나는 이어 올 바람이 두려워
눅진한 오수午睡 끝에서 뛰어내린다
아득한 눈두덩에 여름 햇발 스친다

캐치볼

발치에 굴러온 공을 집어 들면
아직도 가슴이 두근거린다
다 해진 두 장의 가죽이
엉킨 실타래를 품은 자리
검은 실밥의 보풀이 흔들릴 때
안쪽에서 그리마 한 마리가 기어 나온다
멀어지며

가까워진다
혹시 마주칠까
급하게 뛰어든 골목처럼
원 스트라이크 투 볼 쓰리, 볼
마른버짐을 핥고 가는 바람
깍짓손을 한 형제가 이집 저집을 떠돈다
미싱 앞 앉은뱅이 엄마는
우리를 왔던 곳으로 돌려보내고

멍든 야구 배트에
기대어, 잠을 끌어안는 밤
4번 타자를 기다리는 밤
눈 딱 감고 정수리를 내주어
멀리멀리 하늘로 날아오르면
엄마도 삼촌도 가끔 지나치던 외가도
내려보내고
매달리지 않아도 되는 담장 너머
멀어지던 아빠의 뒷모습
쫓아갈 수 있을 것 같았다
재봉선이 지나간 가슴 열어젖히고
구장 밖을 넘어가는 공이고 싶었다
형과 나는 꼭 껴안고
파울이라도 되는 꿈을 꾸었다

용암수형석熔岩樹形石

산굼부리 오르는 길에 본 용암 돌
검은 관이다
한 나무를 덮었다고, 그 生이 있었다고
뻥 뚫린 구멍으로 말한다
천형처럼 얽은 피부
안쪽은 매끄럽다 미안해서
속으로는 꼬옥 품었던가
옹이 하나까지 몸에 새긴 자리엔
바람이 들앉아 있다
탄화된 生이 거기
고스란히 주조되어 있다
나무는 돌에 안겨
바람으로 산다
돌은 나무를 품고
바람을 부화시켰다
木生火 火生土

이번엔 무엇인가 싶어
들여다본 자궁 속엔
억새들이 불타고 있다
들판 가득 금빛 노을이 핀다

Kiteflyer's Hill*

어스름께의 캠퍼스는 옅어지고 있었네
자전거를 타고 간 운동장은 공란으로 가득했지
내가 일으킨 동심원은 공중에서 금세 부서지곤 했어
멀리 가지 못하는 메아리 같았다네

오래 패인 동선에는 채도가 있다는 사실을
나는 거기서 기억해 냈지
이를테면 같은 자리로 감아드는 보폭 같은 것들
색을 결정짓는 것은 빛이 아니라 시간인지도 몰라
시간의 점묘법을 충실히 역행하는 점선은
이탈한 점들이 만드는 직선의 노을일까
헛바퀴로 도는 발
구름들
너를 두고 돌아오던 그때 그 길이야
길 잃은 바림질 몇 자락이
체인에 감겨 구겨지던 길

*Repeat (x2)

그날 새벽에는 사월의 사위가 사월斜月로 졌다네
리을은 죄다 떨어지는 꽃잎 끝에 달아놓고
동그라미가 되지 못한 것들이 모두 끊어져 내렸다네

*Eddi Reader의 노래

노후연금

동홍분식 정류장에서

마흔에, 쓰다

고향집

비 젖는 비릿한 집

kimsjk6126@hanmail.net

이천 원

저잣거리 귀퉁이 할머니 손에
여릿한 호박잎
억세고 까칠한 껍질 벗긴 채로 다듬어져 묶인
호박잎 이천 원
누런 호박 애호박 사이 켜켜이 보듬어 싼
이파리들이 상처용 대일밴드처럼 둘러진
쪼글쪼글 부대껴온 시간들
다 팔아도 얄팍한 지갑
손주가 배웅 나올
저녁놀로 붉다.

노후연금

아버지는 농부였다
아들은 펜대 잡고 살기를 바라며
땅을 팔아 공부시켰다
용이 되어 돌아올 줄 알았는데
줄어드는 땅의 평수만큼
실망도 커갔다
돈맛을 알아버린 자식은
공부 대신 돈, 돈, 돈 했다

추수 끝난 들판에 선
구부정한 아버지의 뒷모습이
젖은 짚단 같다

동홍분식 정류장에서

출근길이었다.

버스 문이 열리자
밥 짓는 냄새를 피우고 있었다.

바람이 멈추는지
히터는 생강차처럼 감기 든 목을 덥혔다

따뜻하다 속삭임이.
80 노모 웃음은 요양원 입춘 하늘에 떠서
눈발은 커튼처럼 펼쳐져
날아다녔다

어디에서 내릴까
안전벨트를 매지도 않고 생각을 감았다.

정오인데 미세먼지는
천식 환자인 그녀의 스웨터 속을 누비다가
숨가쁘게 쿨럭인다, 안개처럼.

눈은 아직 도착하지 않았다.
정거하지 않았다.

마흔에, 쓰다

이력서에 써넣은 내 이름 석 자,
지쳐간다
태양이 기울고 가랑비 내린다
어둠이다
내 이름도
내 이력도
젖는다
마흔, 쓰다

고향집

밤은 깊고 바람은 차네
아궁이에 지핀 군불의 불꽃이 사그라지네

빛이 사라진 고향 하늘에
우리 언니 눈썹 같은 달이 흘러가네

장작 타는 냄새가 문턱을 넘고
귀뚜라미 울음이 방문을 두드리네

비 젖는 비릿한 집

벚나무가 붉게 순을 내밀 때쯤이었을 것이다
흙을 물어 나르며 집을 짓기 시작했던 것이. 비 오는 날은 새끼들을 보듬는 정이 비릿한 냄새로 풍겼다. 떨어져 죽은 새끼들은 투명한 채로 하루 이틀 버둥거리다 덮어둔 흰 종이의 흔들림이 멈출 때면 흙으로 봉분도 만들어 주었다.

그때쯤 소프트 아이스크림이 유행했다.
큰딸은 아직 젊다.
주저하지 않고 허니콤비의 주인이 되었다.
긴 장마로 손님은 뜸해지고 코가 석 자가 된 지친 몸으로 장사를 접고 빚을 짊어지고 배낭여행을 간다. 따라 나선 어미가 있다. 우리를 보는 세상의 눈들은 비릿한 생활을 맡을 것이다. 다 버리고 와야 할 텐데
모녀는 한없이 젖기만 한다. 이제 무엇을 두려워하랴

송두영

더럭 분교
골목 끝에는
부치지 못한 편지
입춘 전
늦은 고백

sdy0449@hanmail.net

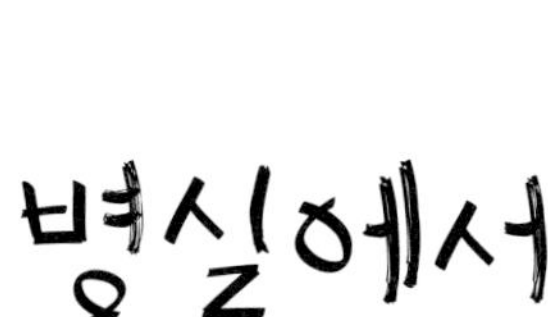

지금 그의 시간은 한밤
하나의 생각도 잠재의식에 맴돌 뿐
부단하게 움직였던 사무를
주머니 속에 집어넣는다.
무의식의 도리질만 해 댄다.
발길을 잡던
깨어나기를 바라는 마음이
닳아 무너진 돌담집 입구에서 서성이고
침묵하는 그에게 고요의 소리가 잠든다.
새벽은 언제나처럼 찾아오는가.

더럭 분교

보리가 익어가는 작은 마을,
그 안에 무지개색 조그만 학교,
오월의 햇살 아래서 아이들이 뛰어논다

교무실 입구에 매달린 낡은 종소리가
운동장 모서리에 멍하니 서 있는
투박한 내 손을 잡고 운동장을 가로지른다

봄볕이 간지럼을 태우는 봄날,
내 유년을 키워준 무지개색 학교에
까르르까르르 웃음소리가 오래도록 굴러다닌다

골목 끝에는

골목은 언제나 추웠다
종종걸음으로 가다 보면 골목 끝에
언제나 열려 있는 작은 문,
사는 방법마저 겁탈당한 사람들의
가난한 마음을 읽어주는
추위에 언 손을 덥석 잡아주는
따뜻한 말씀이 있는
골목 끝, 그곳

부치지 못한 편지

고향집 마루에 앉아 편지를 읽는다
눈물에 번진 글자들을 하나하나 짚어가는
손끝이 가늘게 떨린다

기억의 저편으로 밀쳐놓고
외면할 수밖에 없었던 젊은 날의 한때,
많이 아팠었기에
소리조차 낼 수 없어
안으로 안으로 삼켜야만 했었다

이제는 감나무에서 떨어진 홍시처럼
아픔이 지나간 자리에 남은 흉터,
서툴러 풀지 못했던 그 시간을
추억으로 다시 읽는
첫사랑, 부치지 못한 이별편지

입춘 전

눈을 뚫고 가늘게 생명이 올라온다
찬바람에 몸을 바르르 떤다
곧 쓰러질 것 같은 저 작은 몸짓이
몇 번의 링거를 맞아야만 지나가는
나의 긴 겨울과 다르지 않다
추위에 익숙하지 않기는
서로 마찬가지지만
곧 계절이 바뀐다는 것도 알아
견디는 것이다

늦은 고백

팽나무 나뭇가지 사이로 별을 봅니다

먼 데서 이름 모를 새의 울음소리가 모여듭니다

웃음기 없는 얼굴로

이제는 더 살고 싶지 않다고 하던 그 말이

저 하늘 별처럼 또렷이 떠오릅니다

너무 선명해서 자꾸만 마음이 쓰입니다

당신은 나에게 팽나무 같은 사람이라서

아직은 보낼 수가 없습니다

부디 내 고백이 늦지 않았으면 합니다

anej6909@hanmail.net

은유학

벚꽃 잎들이 살아서 떨어집니다.
바람에 사방으로 떨어집니다.
벚꽃의 자유입니다.
왕복 4차선 도로를 따라
꽃잎들 위로 무섭게 차들이 지나갑니다.
꽃잎들 휘날리며 작은 몸이 무게를 이겨냅니다.
꽃잎들 수수만만으로 떨어집니다.
꽃은 시들어도 꽃잎입니다.
떨어진 꽃잎을
꽃이라고 하는 것은
과장이 아니라 현실입니다.
범람원을 크게,
아주 크게 만들며
꽃잎들이 쌓이고 있습니다.

집밥

집밥의 효력은 따뜻함에 있다.

그것에 의하여 비로소 식구는 완성된다.

엄마는 항상 푹푹 고봉밥을 주셨다.

짧은 침묵 사이로 적당한 거짓말이 오간다.

밥은?

엄마의 짧은 물음이 찬밥처럼 굳어간다.

밥은 우리의 존재를 유지하면서도 말없이 지우는 것을 반복한다.

무거이 시간이 흐르고 우리의 발꿈치 뒤에서 문이 닫힌다.

서로의 등을 보는 일이 서러워진다.

내가 따뜻한 집밥을 해 놓으려 했는데

식탁은 무너지고 모든 문이 닫혔다.

우리에게 집밥은 붙잡을 난간이 되지 못했다.

시간은 흐르고

저 무한의 시간 속에서 울리는 말 한마디

밥은?

어둑해진 부엌 속에서 내가

한 움큼 고봉밥을 푸고 있다.

열대야

밤이 주술적 힘으로 부엉에 자유를 주었다.

부엉은 뛰어난 관찰력으로 그녀를 어둠 속으로 가져갔다.

낮 동안 쭈뼛했던 부엉의 성향은 비로소 기묘하게 발현된다.

분주했던 식기들처럼 엉켜 있는 그녀를 닦지 않고 그냥 둔다.

미리 짐작해놓은 듯 축축한 밤이 흘러내린다.

부엉은 물의 사원이 되어 세속적인 것의 장엄함을 그녀에게 비춘다.

비로소 오래전 방생한 내일 아침에 그녀는 밤 동안 닦지 않았던 욕망을 재창조하기로 한다. 이런저런 욕망도 있겠지 싶은 더 많은 욕망을.

마술사의 하얀 손가락 같은 밤, 밤새 그녀의 그림자는 층과 층 사이를 연결하는 계단처럼 뱅뱅 빠져나가지 못했다.

아무 일도 없던 것처럼 언제나 태양은 뜨고 그녀도 익숙한 듯 아침에게 인사한다.

약간의 숨참을 내뱉기 위해 비로소 창문을 연다.

그제야 그녀는 자신을 먼 훗날로 집어넣는다.

꽃 1

몬드리안의 무늬 같은 세상은 어른의 옆구리에서 삐져나온 아이들을 단 하나의 언어로만 해석하고 부정했지 빚은 듯 어른의 모조 같은 동글한 아이들이 부정된 채 비빔국수를 먹고 있었지 비 온 뒤의 세상은 너무 허름해서 아이들이 겨우 비집고 들어와 빗방울을 대신해 굴렀지 고명이라곤 각자의 인생이 전부였지만 아이들은 맛있게 먹었지 그때 값싼 동정처럼 후후 김을 몰아쉬며 혼자 겉돌고 있는 국물 그릇이 있었지 아이들은 깔깔거리며 웃었지 느리게 돌던 국물 그릇은 화끈거리는 얼굴로 멈추려 했지 그러나 국물 그릇은 좀체 멈춰지지 않았지 피리 부는 사나이의 피리 소리를 들은 것처럼 멈추지 않는 빨간 구두를 신은 것처럼 낯선 곳에서 계란처럼 깨질 아이들은 이제 싸늘해진 국물 그릇을 잊을 것이고 각질은 그렇게 생긴 것이겠지 세상길을 잃어버린 아이들이 세상을 향해 값싼 감정을 내뱉듯 퉤! 침을 뱉고 자신처럼 빈 하늘에 종이비행기를 날리기 시작했지 세 명의 아이들은 어느새 없는 계절처럼 첨벙거리며 어디로든 가 버렸지 도착할 곳이 없어서 안부를 전할 곳도 없었지 딴전 피듯 검푸른 입술로 국물을 불어 마실 때마다 아이들도 출렁거렸지 아이들이 길을 잃은 틈을 타 세상은 살아있는 흔적처럼 아이들을 캐내려 했고 빗방울들이 쿼크처럼 스며들 땐 무지갯빛 미래가 올 것 같았지 안방의 달력은 차가운 예언처럼 뭔가 안다는 듯 매일 늦은 고해성사를 했고 모든 것이 있는 세상에서 아이들만 가장 깊게 침전하듯 사라지고 없었지 그제야 세상 사람들은 무된* 날에 무된 아이들을 찾아다니기 시작했지 미네르바의 부엉이 노래처럼 사후에 반성하는 철학자처럼.

* 무된: 김수영의 「밤」, "무된 밤에는 무된 사람을 축복하자"에서.

꽃 2

당신의 이십 년 탈상 후
먼 곳은 아니었으나 먼 시간을 돌아 절에 간다.

그 사이 주지 스님도 돌아가시고 법명만이 남아 절을 지키고 있다.

막 대웅전에 들어가려는데 이십 년을 한꺼번에 피워낸
흰 꽃이 천연덕스럽게 불심을 받치고 있다.

앙증맞은 모습으로 땅에 분신을 떨어트리며.

오늘 내 마음과 같이 흔들리는 흰 꽃을 꺾어 대웅전에 들어간다.

철 지난 안부를 천연덕스럽게 부처님 앞에서 뱉어본다.

염주를 훑듯 떨어진 흰 꽃을 훑으며 경계 안을 슬쩍 들여다본다.

주지 스님은 없고 객들만 가득했던 절의 오후,
향 하나 피울 재간이 없어 그저 농 같은 독백을 흘리고 돌아 나온다.

무취 무색의 먼 부재가 흰 꽃이 되어 풍경처럼 웃고 있다.

짙은 여름날은 단순히 바람만을 기다리진 않는다.

우주적 상상력으로
당신을 오늘에서야 발인한다.

여기 상승하듯 떨어지는 흰 꽃, 당신과 내가 있다.

하프타임

조수간만 차는 확실했다. 연달아 세 개나 올라온 태풍이 뭍의 모든 생각을 정지시켰다. 뭍을 핥으며 들어온 바다처럼 내가 용기 내어 바다로 고기를 잡으러 나간 적은 한 번도 없었다. 물이 물로 채워지고 물이 물에서 없어지는 광경에 매달려 내 감정은 수시로 열렸다 닫혔다.

바닷바람은 내가 무엇에 집착하려는 걸 알아채곤 내성 발톱을 가진 말들로 따귀를 때렸다. 따귀를 맞는 동안 망한 자의 눈으로 무서우리만치 바다의 심장에 귀를 모았다. 뗏장 같은 밤들에 태풍처럼 거친 문자 몇을 새기기도 했다.

절망의 시절을 휘적휘적 걸으며 나는 후견인도 없는 고아가 되어 있었다. 태풍 속에서 뭍으로 떠밀려 와 죽은 물고기들도 아무 말이 없었다. 연속된 태풍 속에서 뻘 속에 잠겨 있는 흰 조개껍데기처럼 버려진 말들을 밤새 썼다.

내 속에 감금당한 내 목소리는 악다구니처럼 밀려온 파도에 떠밀려 소통이 아닌 실물이길 바랐다. 흔한 듯 태풍이 끝난 이른 아침, 해안가에서 엎어졌다 뒤집혔다 하는 물고기들이 누렇게 혹은

하얗게 널려 있었다.

어쨌거나, 조수간만 차는 확연히 달력에 새겨져 있었고 변하지도 않았다. 내겐 나에게 던질 애도의 꽃도 번듯한 말들도 없었다. 바다는 오래된 봄처럼 반짝거렸다. 그리고 아름다워졌다. 물고기들의 잔해를 보고 하늘에서 새떼들이 악머구리처럼 내려오고 있었다.

새들은 먹먹한 색을 가진 눈알부터 먼저 먹는 습관이 있었다.

오유경

꿈
벚꽃, 안녕
쪽
굴혈독살
담쟁이
고등어

monique560@hanmail.net

담쟁이

- 오유경의 시 '담쟁이' 중에서

펄럭이는 귀, 귓불과 귓불 사이
푸르디푸른 수화 농익어가고
손바닥을 뒤집으면 굵은 힘줄 불끈!
세상엔 저의가 궁금한 이야기 투성이
손들은 와글와글 귀들은 쑥덕쑥덕
얼마나 많은 공론이 숨어 있기에
얼마나 많은 귀들이 부딪히는가!

꿈

어머니의 젖을 빨면 온몸엔 벌건 피가 흥건해요
눈을 치뜬 어머니, 무서워요
자근자근 씹을수록 고기맛은 강해져요 가신다구요?
네 년의 살 붙어가는 볼따구가 쪼옥쪽 빨아대는 주둥이가 귀찮다
구요?
눈알이 툭툭 불거지도록 울어도 미동도 하지 않는 어머니, 탯줄은
자르셨나요?
버리실 건가요? 아아 가신다구요?
남은 탯줄로 그네를 만들어 주세요, 그네를 타고 또 다른 세상 잠
시만 가볼래요
아리랑 노래를 부르시는 어머니, 얼굴이 보이지 않아요
온통 내 입과 내 눈엔 붉은 젖이 흐르는데요
비로소 아리랑 고개에서 웃음 짓는 어머니, 가신다구요?
어머니, 어머니!

말라비틀어진 탯줄 같은 처음을 기억하는
꿈

벚꽃, 안녕

봄은
이미 버릴 몸으로 다가왔네
퇴화되지 못한 습성으로 비둘기는 날아오를 때 꽤 푸드덕거렸으며
이후 꼬깃꼬깃 날개를 접은 채,
천연히 쌓인 벚꽃 마당을 종종걸음으로 걸을 때
아이의 걸음은 더욱 빨라지고 엄마들의 눈은 더욱 뾰족해졌네

4월에 태어난 그대에게
그리고 떠나버린 그대에게
남겨진 그대에게 묻는다면 봄은 미련한가
아직 난 다섯 살의 기억 안에 머무네
어렴풋한 일곱 살의 기억 속으로 숨어들기로 하네
유랑의 끝에서 울분은 싹처럼 돋았네
나풀거리는 정착은 불완전하여 휘어지네
꽃잎이 건네는 작별을 온몸으로 받아들며
한때, 처절한 발악이 흩날리기도 했었네

기억은 부풀지만 미련은 수줍기만 하네
벚꽃이 되어 흙으로 돌아갈 때에 대해 고민하여 보리
뾰족한 눈이 되어 한 번도 마주쳐보지 못한 엄마의 눈에 대해
성실하게 그리워하여 보리

화려한 인사가 세상을 만족시키는 순간
정면으로 받아들인 생이 온화해지네
흩날리는 그리움이 꽃잎으로 지고 있네

쪽藍

죽을힘을 다해 어머니의 젖을 빨고 싶어서
나는 하얀 광목이 되어 위장을 비웠습니다
하얀 뼈들도 숨구멍을 열어 입을 오물거리구요

인디고 새벽, 줄기를 끊어
항아리 가득 온기를 재생시켜 단물까지 뽑아
후련히도 맑아진 빛을 봅니다
훅, 덮치는 뜨거운 숨이 맑은 국을 우려내어
농축된 젖물을 깊이도, 깊이도 품고 있지요
해마다 되돌아올 기억을 쟁여 두고
생채기가 진물을 후둑이며
하늘을 열고, 바다를 열고
달큰한 생살의 내음에 도취되어 아스라이
흐벅지게도 차오른 만월처럼
어머니의 배가 둥굴려 지면

홍옥이 파삭, 익은 소리 내지르던 날
하늘 한 자락 잘 발려
어머니는 푸지게도 넘쳐나는 푸른 젖을 수유하지요
뼈 마디 마디, 온전히 모든 곳을 잊지 않고 돌아다니다

그만, 내 눈에도
고여 있는 신열이 푸르게 푸르게 번집니다.

굴혈독살

굴혈 포구에 꽃 하나 핀다
썰물이 밀리며 때를 지날수록 나는 꽃
아름다운 유혹, 나루를 넘지 못한다

태안군 해변의 한 자리, 독살*은 풍요로웠다
바다를 향한 삼각 지점에 수문을 만들고
대마무 통발을 달아 고기들을 모으면
멸치, 갈치, 놀래미, 조기, 학꽁치, 전어……
김의배 옹의 걸쭉한 웃음이 바다를 넘나들었던가

촘촘한 그물과 먼바다 싹쓸이 어법
바다는 씨가 마르고 독살엔 고기가 들지 않는다
소출 없는 독살에 생채기가 돋아도
쐐기돌을 다독이며 지켜온 한 송이 꽃

"먹고살기 바쁜데 어찌키 날마동 관리를 한대유."

물에 나가 보는 것조차 맘을 다 할 수 없어
수백 년을 지켜 온 돌 그물의 내력, 꽃이 지고 있었다

때를 거스르지 않는 생生이 봉긋이 피어 오르고
만과 여, 해변을 따라 낭자하게 흐르는
시간, 속 꽃잎 한 장 부활하는 꿈
굴혈 포구엔 언제나 꽃 하나 난다

.

＊독살: 해안에 돌을 쌓아 물고기를 잡는 전통 어법이다. 물이 들 때 함께 들어왔던 고기는 썰물 때 미처 보(洑)를 넘지 못하고 '독 안에 든 고기'가 된다.

담쟁이

펄럭이는 귀, 귓불과 귓불 사이
푸르디푸른 수화 농익어가고
손바닥을 뒤집으면 굵은 힘줄 불끈!
세상엔 저의가 궁금한 이야기 투성이
손들은 와글와글 귀들은 쑥덕쑥덕
얼마나 많은 공론이 숨어 있기에
얼마나 많은 귀들이 부딪히는가!
허공을 움켜잡은 뿌리,
푸른 절규로 뻗어 나가며 저 비장한 농성
머리에서 발끝까지 오지게 붉어질 것을
바람은 염원을 포개며 손바닥의 함성을
푸른 귀들의 애환을
아아 절대로 절대로 평온한 안주는 없을
빼빼 말라버릴 숙명을

일파만파 푸른 불꽃 번져 가고

힘줄 툭 툭 튀어오르는 뜨거운 도심
속, 치열하게 끓고 있다

고등어

열정의 지도를 따라
그 길로 산책을 하다 보면
다다르는 그곳에 붉은 눈망울
꽃잎으로 폭포를 내리는 너를 만난다
널브러진 너의 다리
하염없이 벌려진 그 사이에
들켜버린 밀애가 숨을 쉬고 있구나
숨겨왔던 구멍 속으로
담금질을 하다 보면
신음으로 쓸어 내리는
아편 같은 미소가 바늘을 뽑았다
내가 너를 사 온 것처럼
나 역시 너에게 나를 팔고 싶다.

사실은 흡입하는 너의 피부가
부담스러웠다

오염된 강 닮은 내가
너의 아가미 속으로 잠입하면
염분은 치솟아
나의 꿈마저 장악해 버릴 것이며
강도 아닌 바다도 아닌
알 수 없는 타액으로 지상를 떠돌다
안식할 만한 최상의 접시에서
입술부터 파랗게 염색할 것이다
채 열리기도 전
움켜쥔 살점에서 물이 오른다

그렇게 맛있니?

윤혜정

wkdusdms4690@hanmail.net

물매화

'여보세요'
바람소리였나

손금의 생명줄 같은
용눈이 오름을 오른다

아무도 없는 곳에서
아무것도 아닌 것처럼 피어난
물매화

조금 떨어진 곳에서는
능선을 오르던 억새들이
허리를 굽힌다

금잔옥대를 닮은 꽃들에게

풍문으로 듣다

비가 오신다는 말을 풍문으로 들었습니다
후미진 골목길에 몇 촉의 새우란도
한참이나 길을 밝히시다가 가셨대요
봄이 벌써 지나가셨다는 말도
머지않아 여름이 오신다는 말도 풍문으로 들었습니다
이른 새벽 창밖 가로수에 새들도 나 몰래 다녀가셨대요
볕 좋은 날 밀쳐두었던 빨래를 널고 개는 사이에
낮달이 한참이나 나를 내려보다가 가셨대요
한 여자가 시간에 순응하며 살아간다는 말을
풍문으로 들었습니다
비가 오신다는 말을 풍문으로 들었습니다
지금, 비가 내리고 있습니다

꽃등

후미진 골목길
몇 촉의 새우란
길을 환하게 밝히고 있네

못 본 척하다

담쟁이가 제 몸으로 파란 벽화를 그리고 있습니다
못 본 척합니다
잠깐 조는 사이에
커다란 가로수 밑에 노란 얼굴을 내민 괭이밥풀
못 본 척합니다
바람을 불러 세워 유혹하는 꽃잎
로맨스인가요, 불륜인가요
못 본 척합니다
소나기 한바탕 쏟아지는 도서관 한 쪽
독서를 좋아하는 가족이 빗소리에 귀 기울이고 있습니다
못 본 척합니다
견고한 이 길을 잃어야 비로소 보일까요
출산 후 내내 감추어 두었던 뾰족 구두
신고,
또옥 또옥 똑 걸을 수 있을까요

비의 수행修行

사라진 마을 하동 저수지 둑길 위로
비가 내린다
밑으로 내릴 때에만
비로소 비라는 자신의 이름을 얻는 비
짧은 한 음절의 이름을 얻기 위해
비는
지금도,
수행 중입니다
얼마나 더 밑으로 내려가야
내 이름을 가질 수 있을까요
얼마나 더 수행을 해야
저수지 둑길 위의 미나리아재비 한 송이
피울 수 있을까요

태풍

조금만 더 가벼웠다면
새처럼
새처럼 길 밖으로
날아갈 수 있었을 겁니다
새이기를 거부하며
내려놓지 못한 그 무엇을
나는 부여잡고 있었던 것일까요
조금만 더 가벼웠더라면
새처럼 얽히고 얽힌 저 길 밖으로
한번 날아갈 수 있었을 겁니다

가을

돌 틈으로 기어든 햇살
그 햇살을 낚아챈
담쟁이 잎 하나
나 하나,
등 하나 켜들자 주위가 환해졌네요

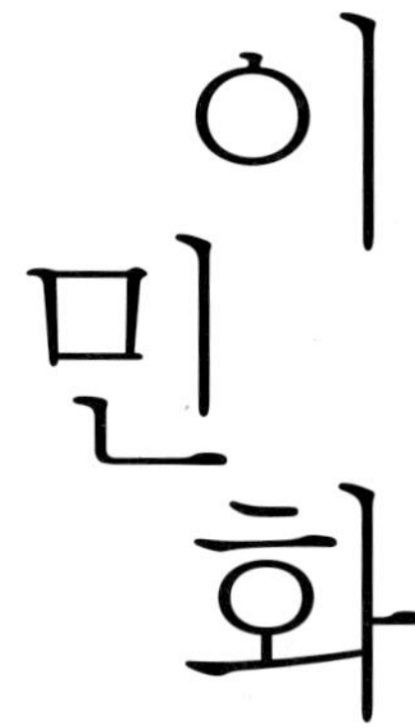

회귀

구름빵을 기억해

플라스틱 아일랜드

그녀가 떠나고

동백 여인숙

halujongil@hanmail.net

아픈 계절

- 이민화의 시 '아픈 계절' 중에서

담벼락에 기대어 가웃가웃 졸고 있는 햇살
누군가 캔버스에 하얗게 피워놓은 목련꽃

돌아보지 않았다.
누군가의 손이 어깨를 지그시 눌렀지만
돌아보지 않았다.
누군가의 목소리가 목덜미에 앉았지만

회귀

거센 여울을 거슬러 오르는 연어의 사진을 보고 있다. 고향이라는 단어에서는 늘 비릿한 연어 냄새가 난다. 20년 만에 찾아간 고향, 조심스레 고향이란 단어의 문을 열고, 그녀는 국어사전 속에서 깊은 잠이 들었던 고향이란 단어의 먼지를 털어내고, 고향이란 단어에 새겨진 추억을 더듬으며, 고향이란 단어의 냄새를 찾아 들어선다. 고향이라고 발음하면 머리에 소금 꽃을 피운 어머니가 언제나 맨발로 뛰어나와 볼을 비빈다. 그녀는 밤새도록 사전 속을 헤매다가 고향 페이지에서 잠이 든다. 어머니라는 단어를 데려다 놓고, 그리움이란, 사랑이란, 바둑이와 감나무란 단어를 데려다 놓고, 미농지美濃紙가 바람에 넘어갈 때처럼 슬며시 잠의 문턱을 넘다가, 미농지처럼 잠이 든다. 메아리처럼 들려오는 어머니 목소리, 마당가 감나무에 묶어놓은 삽살개가 컹컹 짖어대는, 고향이라는 낱말의 페이지에서 깨어나 사전을 덮는다. 사전 속에서 조용한 음성 들려온다. -너는 나처럼 살지 마라, 나처럼.

구름빵을 기억해

말똥한 눈으로 그녀가 나를 쳐다봅니다
호기심이 가득한 눈빛입니다
호수와 같다던 누군가의 말이 생각납니다
돌을 던져보지만 도무지 파문이 일지 않습니다
무럭무럭 자라던 기억이 사라졌나 봅니다
지난 인연에 대한 예의 같은 건
어쩌면 나의 억지스런 욕심이었는지도 모르겠습니다
그녀의 머릿속 지우개는 성능이 참 좋은가 봅니다.
스스슥 지워버린 기억을 되돌리지 못하는
그녀가, 나를 측은하게 쳐다봅니다
내 손에 들려있던 봉지에 그녀의 눈이 꽂힙니다
보슬보슬한 구름빵을 꺼내놓자 코를 벙싯거립니다
뭉텅뭉텅 베어 먹습니다
마구마구 먹습니다
먼 행성에서 온 사람 같습니다
한 번 먹어보라는 말도 하지 않습니다

그래도 좋아하던 것 하나쯤 잊지 않고 있다는 게 다행입니다

입가에 묻은 빵부스러기를 닦아주는데 누구냐고 묻습니다
아무래도 그녀에게 나는 잡히지 않는 구름이 되었나 봅니다

플라스틱 아일랜드

배가 불렀지. 그런데 똥이 나오지 않아. 똥을 싼 기억이 없어. 배가 부른데 엄마는 자꾸 먹이를 물어다 내 입에 넣어주며 꿀꺽 삼키라고 그래. 똥을 싸고 싶은데 똥이 나오지 않아.

섬이 떠다닌다. 북태평양 한가운데서 파도를 따라 이리저리 밀려다닌다. 인간들의 이기심이 플라스틱으로 된 섬 하나를 뚝딱 만들었다. 가라앉지 않는, 유령 같은, 자손대대로 물려줘야 할 아픈 유산. 지도에도 없는 영원한 폐허. 바다 밑까지 검은 그림자가 드리우는 그곳에 알바트로스가 뒤뚱거리며 내려앉는다.

엄마가 물어다준 먹이는 모두 플라스틱이었어. 콜라병뚜껑, 바비인형의 파란 눈, 햇빛에 쪼개지고 부서진 플라스틱 조각들뿐이었지. 언제나 배가 불렀지만, 똥이 나오지 않았던 거야. 이제야 고백하지만 사실 똥이 마렵지 않았어. 엄마도 아마 알았을 거야. 하지만 어쩔 수 없었겠지. 나는 배부른 채 굶어 죽었어. 엄마는 똥을 잘 싸는지 모르겠어.

그녀가 떠나고

대한大寒 지나자
폭죽 터지듯 동백꽃 핀다
눈보라 속에서 꽃은 더 붉게 피는데
열다섯에 열렸던 내 몸이 닫히네

나를 여자이게 했고
나를 여자로 살게 해준 꽃
비린내를 풍기며 달마다 붉게붉게 피던 꽃

화장실 수납장에 쓰다만 개짐
몇 달째 꽃을 기다리네
혹여 허공에 대고 펑펑 꽃을 피울까 봐
반가운 손님처럼 느닷없이 올까 봐
버리지도 못하네

이제 여자, 안녕

동백 여인숙

막차를 놓치고 들어선 방
짭조름한 바다냄새가 난다
선뜻 다가서지 못하는 어색한 간격
할 말은 모두 바깥에 두고 온 듯
멀찌감치 떨어져 앉아 멀뚱거리는데
간간이 바람소리가 문틈을 기웃거린다
베개 밑으로 파도소리 모였다 흩어지고
심장이 말을 듣지 않는지
모로 누운 그의 잠이 풀썩거린다
면발처럼 퉁퉁 불어가는 시간
손만 잡고 자자던 맹세도
몸의 말을 참지 못해
어둠 속에서 빳빳이 고개를 쳐든다
동박새가 동백꽃을 찾아 날아들 듯
거부할 수 없는 속성을 가진
사랑한다는 야수 같은 속삭임으로

파르르 떨고 있는 꽃잎을 열고 들어온다
초경 같은 붉은 소리가 허공을 찢는
나를 자빠뜨린 아뜩한 봄밤,
파도가 지나간 자리
동백꽃 붉게 핀다

정지은

그렇게 빠지나 보다

낙오

노을

방랑자

hyenyem@hanmail.net

오후

94세에 처음 한글을 배우신 어머니
며느리가 틀어놓은 음악을 들으며
며늘아! 나는 니가 참 좋다.
꾹 꾹 눌러 쓰신다.

사랑이라는 말이 어색하고 쑥쓰러워 숨겨왔던 지난 시간
어머니가 쓰는 글자에 설렘이 잔뜩 배어있다.

음악을 들으며 노곤함을 풀던 며느리는
그동안 쌓였던 서운함이 스르르 풀려 웃는다.
정성껏 써내려간 글자 위에 음악은 흐르고
어머니와 며느리의 오후는 그렇게 지나간다.

그렇게 빠지나 보다

날마다 장롱을 만드는 남자
한 번의 못질에도 모든 것을
쏟아넣는 꿈꾸는 장이

단단할 거라 믿었던 이가 빠지던 날
돈이 없어 메울 수 없자
사랑도 빠져 버렸다.

빠진 이 사이로 어물어물 새는 단어들
고이 포개어 깊숙이 접어둔 열정마저
빠져 버릴까 입을 꾹 다문다.

낙오

상품이 되는 게 꿈이었다.
매끌하고 얇은 피부
진황색의 선명한 색깔
달콤한 향기를 품고 싶었다.
남부럽지 않으려고 세파에 휩쓸리다
사알짝, 흠집이 생겼다.
농장 흙바닥에 버려져
서리들이 두껍게 내려 앉는다.
입술을 깨물며 맨몸으로 견뎌낸 시간
아문 자리 갈색꽃이 핀다.

노을

사촌 시누이 다시 시집간다.

일찍 홀로 자식들 키우다
굵고 거친 손가락
휘어진 척추
일흔의 시어머니 얼굴이 붉다.
- 좋은 사람 없어요.
- 그런 거 필요 없다.
알 듯 모를 듯 메밀꽃 같은 미소가 번진다.

문득 바라본 서쪽 하늘
노을이 붉게 물들어 있다.

방랑자

문화센터가 있는 백화점
누구일까?
엘리베이터 안에서 스텝을 밟는다.
검붉은 얼굴의 사내
긴 머리 동여맨 여인
자유로운 발끝의 비상
함께 탄 이들의 눈길이
나비처럼 날아오른다.

함께 춤춰 볼까?
연인들의 속삭이는 박자에 따라
거울 속 나도 춤을 추고 있다.
발사위는 자유롭게
엘리베이터 문이 열리고
무대에 막이 오른다.

정현석

gustjr2915@naver.com

항아리의 상여가

할머니 가시는 길 더디게 하려고
그리운 시간이란 이름의 흔적을
차가운 걸음으로 길 위에 남기며
채우지 못할 깊음으로 느껴본다.

없음이란 슬픔을 느끼지 못하게 하려고
소복이 쌓인 하얀 시간을
차가운 가슴으로 덮어놓으며
지나치던 바람에 실어 보내본다.

사시나무처럼 가슴 떨지 말라고
손자 안아주듯 따스히 품어주며
다시 느끼게 될 슬픈 그리움을
가슴 타고 흐르는 눈물로 드러낸다.

흥건하게 젖은 마음 마르게 하려고
바람과 함께 곁에서 머무르며
노래로 채우려는 비어버린 마음을
시간은 슬픔으로 노래했다.

비 오는 날

나는 우산 없이 걷는다.
모든 풀이 아파하는
메마른 모습 보기 싫어
텅 빈 가슴 채워줄
눈물을 뿌린다.
초목 사이에서 피어나
하얀 꽃을 이루는
두툼한 안개,
그늘을 삼켜 어두워진
작은 돌멩이에게
잠의 안부를 묻는다.
소란스러운 수다를
낙엽에게서 듣는
비 오는 날.
적적함을 채워주는 소리
바스락.

비만 내리는 숲

비가 내린다.

아직 덜 붉은

단풍나무 숲을 걷는다.

머리를 스친 바람은

그늘에 젖은 나무를 깨우고,

새파란 잎사귀에 맺힌 이슬은

투두둑

비처럼 떨어져 나를 적신다.

밤새 쌓아둔 수많은 이야기

이곳은

비만 내리는 숲

흉터

몸은 나를 기억하고 있다.
숨이 차듯 오르내리길 반복하는 가슴,
그 안에 숨을 채우며
살아있음을 기억하고 있다.
꽃잎이 전한 갑작스런 이별에 놀라
잠시 기대던 내 머리 위
나뭇잎으로 눈물 흘린
소외된 자귀나무 한 그루.
아지랑이의 군락으로 메워진 아스팔트,
초여름의 열기를 숨처럼 내쉬곤
게으른 자귀나무를 꾸짖는다.
나무껍질같이 메말라버린 내 몸
갈색으로 조금씩 타들어가
뿌리 없는 한 그루의 나무가 되고
타버린 내 피부 위로 돋아난
작고 빨간 꽃으로 자귀나무를 위로한다.

살아있음의 감동으로 위로를 전한
열꽃이 핀다.

버스 맨 뒷자리에 앉아

소년이 추억을 꺼낸다.

무작정 올라탄 버스
맨 뒷자리에 앉는다.
좌, 우로 붙어있는 창문이
비행기 창 크기와 같다.
어느덧 해안도로의 오르막을 따라
이륙하듯 날아오르는 버스,
바다에서 하늘로 옮겨진 시선은
실처럼 가늘어져
하얀빛으로 스며든다.
덜컹,
꿈에서 현실로 바뀐 시간
소년은
버스 맨 뒷좌석에 앉아
하늘로의 이륙을 꿈꾼다.

실로폰 아파트

알람이 울린다.
새벽 4시, 잠에서 깨어난다.

창밖에는 제법 굵은 봄비가 내리고
건너편 아파트에 불빛이 하나둘 켜진다.
계이름에 맞춰 실로폰을 두드리듯
잠들었던 어둠이 깨어난다.
이퀄라이저처럼 빠르게 오르내리는 불빛
거대한 사람의 숲에 연주회가 시작된다.

비 내리는 일요일 새벽,
파란색 우산을 들고 집을 나선다.
빗소리가 계단을 따라 내려온다.

현택훈

환우
꽃무늬 휴지
지네 인간
머구리
사포

traceage@naver.com

여행길

- 현택훈의 시 '여행길' 중에서

터번을 쓴 남자의 이름은
아부 압둘라 무함마드 이븐 압둘라 이븐 무함마드 이븐 이브라힘 알 라와티
짧게는 이븐바투타

손가락으로 창문을 여닫는 관악기의 이름은
처마 아래 볼 빨간 아이가 호호 불면 분홍색 바람 꽃잎 골목길 가득 흩날리는 악기
짧게는 피리

Photo by 이재(블라디보스톡, 2010)

환우患友

성급하게 말하면 이 모든 것은
다 약방기생 때문이다

의원은 말이 많지 않았다
의원이라면 꼭 그래야만 하는 것인지
맥을 한 번 짚어보고 그만이었다
그는 나를 거들떠보지도 않았으니까

까마귀가 날아와 울고 간 날에는
발바닥이 온통 짓물렀다

내가 의지할 데는 약방기생뿐이었다
나는 그녀를 위한 노래도 불렀고 뗑깡도 부렸다
그녀의 피는 달짝지근했다

내가 별이 떨어진 자리를 찾아갔다가 돌아온 저녁에

약방기생은 내게 갈근탕을 내밀었다
별 그림자 때문에 생긴 고열에 힘들었는데
며칠 뒤 나는 뜨겁지도 차갑지도 않은 눈이 생겼다

나는 약방기생의 무릎뼈도 달여 먹을 수 있었지만
아이슬란드에서 온 삼촌이나 나나
시멘트벽을 갉아먹어야 했다

완곡하게 말하면 약방에 기거하면서
내 병은 적당히 유지될 수 있었다

의원은 원칙이 견고했지만
약방기생은 유연해서 등이 활처럼 휘어지곤 했다

의원이 산 너머 마을로 왕진을 간 날
비마저 내리면 약방기생이

내 팔뚝의 맥을 짚어주기도 했지만
그녀는 나의 병명을 알지 못했다

나는 몇 번이나 몇 첩의 약을 가방에 넣고서
여우고개를 넘어 어둔 계곡으로 빠져들고 싶었다

약방기생이 의원의 방으로 들어가면 밤이 시작되었다

꽃무늬 휴지

비 오는 날 잎사귀에 쓴 구름은 나무였고
나무는 얇고 하얀 꽃이 되었어요
음각으로 새긴 꽃무늬
심지어 휴지에서 꽃향기도 나요
두루마리로 감아져 있는 공원 벤치
얼음이 다시 얼 것 같은 테이크 아웃
눈물을 닦으면 그대 목소리에서
숨바꼭질이 보일까요
스며들기 좋은 건 여전한 밤
한 칸 한 칸 뜯어서 날리면
꽃잎처럼 흩날리겠죠
바람에 날리는 꽃무늬 휴지
고개를 돌려보면 지천에 꽃이네요
쓰러지면 그 자리가 꽃밭
우리 이제 어디선가 뚝 끊어져도
달력을 뜯듯 넘길 수 있잖아요

뜯어 먹기 좋은 빵처럼
뜯어내기 좋은 하루
아침마다, 다른 사람을 만날 때에도
서둘러 가기도 하죠
하얀 꽃 활짝 핀 화장실
꽃무늬 새겨진 울음 기차

지네 인간

지네는 괜히 발만 많아진 것 같다
수많은 발들로 기어서 너에게 간들

동굴에서 석순처럼 자라는 마음
주체하지 못해 동굴 밖으로 나가면
사타구니에서 전설이 전해져왔다

옛날에 어떤 지네는
사람보다 길었다지

브란 캐슬에는 여전히 드라큘라 혈통을
이어받은 후예가 성을 쌓고

내 피에는
지금은 멸종됐거나
숨어 살고 있는 종족의 파도가 밀려오는가

너를 바라보는 심장이 많아져 마구 뛴다

자정을 알리는 시계탑 위로 기어오른다

머구리

찌그러진 맥주캔처럼 살아왔다
파도의 수위를 가늠하며 살지 않았다
낯설어서 낯익은 바다를 항해하듯 걸어왔다
어떤 날엔 늘어진 카세트테이프마냥
축 처진 채 하루를 보내곤 했다
잎 다 떨어진 고무나무 한
그루처럼 생각하는 날이 많았다
희망은 오래된 불행이라
여기면서도 희망을 노래했다
쓰다만 편지를 다시 쓰긴
했지만 부치지는 않았다
스팸 메일만 가득 찬 메일함 같은
삼등객실에서 자는 새우잠과 다를 게 없었다
깊은 계곡에서도 뱃고동 소리를 환청으로 들었다
쓸쓸한 곳 천지인 방에서 흐린 선창에 썼다
오래된 불행이라는 불빛에 의지해 살아왔다

두려움을 막기 위해 팔뚝에
문신 따위를 새기지는 않았다
주술도 없이 어딘가에 닿으려고
닿으려고 살아왔다

사포

고대 그리스의 시인 사포는 뮤즈로 불리었다
그녀가 감정들로 가득한 항아리를 문지르면
그 항아리에서 시가 흘러나오고
시는 노래가 되어 리라로 연주된다
지긋지긋한 관절염 때문에
무릎을 사포로 문지르고 싶다는 어머니
거친 삶을 부드럽게 할 수 있는
사포가 있다면 얼마나 좋을까
어머니의 사포는 새로 산 카세트 라디오
밭일을 하면서 듣는 리라 소리
거북이 등껍질과 소 내장으로 만든 리라는
딱딱하고 텁텁한 흙바닥 같지만
리라 소리는 아름답게 울린다
평생 항아리에 바람을 담고 퍼낸 어머니
레스보스섬 소녀들처럼
사뿐사뿐 걷던 때 언제였던가

어머니가 사포로 당신의 무릎을 문지르고 있다
그 낡고 투박한 무릎에서 뮤즈가 나오겠다

발문

섬의 노래에 빛나는 색깔들

발문

섬의 노래에 빛나는 색깔들

현택훈

빨주노초파남보, 우리 모두 무지개

- 최성원의 노래 <색깔> 중에서

'라음'은 처음에는 '고팡'이었다. 2010년 봄. 제주도에서 시창작에 관심 있는 사람들이 모여 '고팡'을 만들었다. 그 전에 활동했던 '다층'에서 나온 멤버가 주를 이루었고, 새로 들어온 동인도 있었다. '고팡'이라는 이름을 짓기 전에 이미 1년여 전부터 시창작 합평회를 하고 있었다. 시를 연구하고 창작하면서 정식 동인으로 만들자는 것에 뜻을 함께했다. 한 봉사단체 사무실에 모여서 우리는 먼저 이름에 대해서 의논을 했다. 이름을 짓는 것도 합평회처럼 갑론을박이 한 달여 동안 오갔다. 결국 우리는 '고팡'으로 합의했다. 문학회의 지향점이 제주도의 풍경과 삶을 노래하는 것이었기 때문에 제주어로 선정한 것은 자연스러웠다. 그 무렵 제주어에 대한 관심이 높아진 분위기도 한몫했다.

'고팡'은 제주어로 곡식을 넣어두는 창고로 집에 딸린 한 부분을 말한다. 특히 제주가 고향인 사람들은 유년시절에 '고팡'에 대한 따뜻한 기억이 있다. '고팡문학동인회'는 '고팡'처럼 따뜻하고 아늑한 시를 쓰려고 했다. 그 '고팡'의 첫 수확물로 2011년 6월에 《손거울 속 겨울》을 발간했다. 몇몇 동인들이 드나들다가 1집에 참가한 동인은 양영철, 현택훈, 안은주, 이민화, 현달환, 고희화, 최창일, 김세원 등이다. 이민화 회장은 발간사를 통해 "우리 동인회는 제주의 아름다운 자연과 아픈 역사는 물론이고 일상의 소중함을 시로 노래할 것"이라고 밝혔다.

그 뒤로 거의 해마다 동인지를 발간했다. 두 번째 《신촌 가는 옛길》(2012). 이 동인지는 제주의 풍경을 언어로 담는 것에 주력했다. 유명한 풍경보다는 사람들의 눈이 많이 가지 않는 곳을 찾아 시로 형상화했다. 김세원, 김솔, 이민화, 고희화, 정수연, 현택훈, 안은주, 최창일 등이 참여했다. 세 번째 동인지는 《물고기구름이 비늘을 벗는 무렵》(2013). 4·3에 대한 시를 싣기도 하고, 디카시로 새로운 형식을 모색했다. 고희화, 김미성, 김솔, 김세원, 김정희, 송두영, 신태희, 안은주, 오유경, 윤혜정, 이민화, 정수연, 정지은, 최창일, 현택훈 등이 참여했다.

2014년에는 동인지 대신 시엽서를 만들었다. 책보다 엽서로 독

자에게 더 가까이 다가가려 했다. 고희화, 김미성, 송두영, 안은주, 이민화, 정현석, 정지은, 고은영, 윤혜정, 김희진, 양영철, 최창일, 현택훈 등이 참여했다. 이른바 팬시문학으로 노트나 수첩에 시를 싣는 작품을 제작하여 보급하려는 것인데, 시에 대한 순수한 마음과 소통이 만나는 지점에 펼쳐본 방식이다.

엽서시를 제작할 즈음 이름도 '고팡'에서 '라음'으로 바꿨다. '고팡'이 너무 예스럽고 보수적인 느낌이 강해서 바꾸게 되었다. 동인 구성도 바뀌었기에 새로운 출발이 필요했다. '라음'은 계이름 중에서 가장 경쾌한 '라'와 그늘 '음(陰)'을 합쳐서 "즐거움 속에 슬픔을, 밝은 빛 속에서 어둠을 찾자."라는 의미가 담겨 있다.

그리고 이제 네 번째 동인지가 나왔다. 참여한 동인은 고은영, 고희화, 김미성, 김솔, 김희진, 송두영, 안은주, 오유경, 윤혜정, 이민화, 정지은, 정현석, 현택훈 등이다. 동인들은 1년여 동안 합평한 작품 중에서 시 다섯 편 정도를 골라 실었다. 시 쓰는 공간은 제주도라는 공통점이 있지만 각자의 색깔로 시를 썼다.

고은영의 시는 일상을 낯설게 보는 눈을 지니고 있다. 냉장고나 텔레비전 등의 평범한 살림살이를 고정적인 눈으로 보려 하지 않는다. 그래서 냉장고 속에 바다가 펼쳐진다. 그것은 그녀의 시 제목 중 하나인 '사이드 이펙트', 즉 부작용으로 나타날 수도 있는 것이지만 창작의 면에서는 부정적이지 않다. 이미 평범을 거부했기에 도리어 신선하게 다가온다. 그러면서 언어에 대한 새로운 시각을 선보인다. '자음과 모음으로 분리되어 부유하고', '받침'이 없는 까닭을 언어의 이면에서 찾으려고 한다.

> 창문 밖의 바람은 비자 없이도 둔덕을 넘는다.
> 출국당한 싱이 톱밥 둔덕 아래에서 나딤에게 손을 흔든다.
> *나딤, 사막에서 밤을 지새울 때는 땅을 파야 해. 무덤처럼 깊게 파고 아기처럼 쪼그려 모래 둔덕에 깔리지 않게 알라께 빌어야지.*
> 눈꺼풀이 감기고, 대패를 잡은 손에 힘이 빠진다. 기침소리에 둔덕이 무너진다. 집으로 가는 길이 보이지 않는다.
>
> \- 고은영의 시 「대패질 하는 사람들」 부분

그녀의 시가 일상의 단순함을 새롭게 보려는 것이 첫 번째 장점이라면 앞으로의 시가 더욱 기대되는 것은 위와 같은 사회성을 획득한 시를 통해서이다. 불법체류 노동자에게 시선을 두되 표현법은 여전히 세밀하고 새롭다. '바람은 비자 없이도 둔덕을 넘는다'. 그런데 그 '둔덕'은 '기침소리에 무너질' 정도로 허약하다. 함께 살아야 할 사람들에 대한 인식은 그토록 허술하다. 이러한 시선은 '라음'이 앞으로 바라보아야 할 세상과 일치한다. 함께 부딪치며 살고 있는 삶 터 가운데 시가 위치한다.

그 삶의 끈끈함을 고희화의 시로 확인할 수 있다. 그녀의 시는 제주의 목소리를 그대로 보여준다. 제주도가 말을 한다면 아마도 고희화의 시 같은 어조이리라. 그녀는 제주어를 구사하는 것은 물론이고 소재나 호흡도 제주의 바람과 흙 속에 있다.

> 숭숭한 구멍 속으로 들락거리는 솔바람
> 파도소리되어 돌아오고
> 밭담 다우는 아버지의 거친 숨소리 밭고랑으로 숨어든다
>
> - 고희화의 시 「부성」 부분

그녀는 '아버지의 거친 숨소리 밭고랑으로 숨어드는' 곳에서 시를 쓴다. 어느 지역이나 특수성은 있기 마련이다. 제주도의 특수성은 제주의 역사와 자연과 사람들이 섞여서 형성된다. 이러한 특수성을 잘 보여주는 것이 고희화 시편이다. 이러한 시는 제주도 사람이 아니라면 쓰기 어려운 시인 것은 분명하다. 그러한 시세계가 특수성으로만 남아버리면 공감은 축소되므로 어떻게 경계를 넘어 소통할 것인지는 '라음' 모두의 책무이기도 하다.

공감을 위해서는 서정성이 빠질 수 없지. 서정성이 단연 돋보이는 김미성의 시는 감수성이 부풀 대로 부푼 모습을 보여준다. 그 감수성은 철철 넘치는 것이 아니라 서정을 안으로 담아두면서 시의 빛깔을 담금질하고 있다. 비교적 짧은 시를 쓰는 그녀는 평상시에도 여행을 자주 하는 것으로 알고 있다. 멀리 가는 것은 아니지만 제주도 이곳저곳을 그야말로 길따라 구름따라 돌아다니는 것.

그러니 이 여행은 방랑에 가깝다. 그런데 자칫 목적지가 없는 것 같은 이 여정의 종착점은 '당신'이다. '당신'은 특정 인물일 수도 있지만 그것은 시일 수도 있고 사랑일 수도 있다.

어느새 서향 집 쪽마루에 저녁노을이 걸리었다

나는 흑백사진의 추억을 더듬듯
당신이 그렇게 그리워지는 것이다

- 김미성의 시 「아날로그 라디오」 부분

여정 중에 쓰는 시에는 '당신'의 얼굴이 있다. 그녀는 당신을 그리워한다. '라음'은 서로 저마다의 '당신'을 향해 시를 쓴다. 그중에서도 김미성은 유독 '당신'의 이름을 연호한다. 사실 '당신'이 너무 많아도 탈이다. '당신'이 드리운 그늘에서 벗어났을 때 비로소 시에 색이 돌지 않을까.

그동안 일부 동인들이 드나들었다. 그중 제주도에 머물지 않아 참여하지 못한 정수연 동인도 있고, 김솔은 문학 공부를 하기 위해 뭍으로 갔다. 김솔은 뭍에 있으면서도 적극적인 활동으로 이번 동인지에 참여하게 되었다. 그의 시는 정교한 형식을 특장으로 한다. '산꼬마부전나비 한 마리 가만히 날갯짓'하는 것을 통해 '퇴고'를 말하는 그의 감각은 현미경으로 들여다보듯 아주 세밀하다. 그는 젊은 나이답게 기존에 없는 이미지를 찾으려고 분주하다. 그렇다고 생경한 시를 쓰는 것도 아니다. 그의 새로운 이미지의 내부에는 유년의 슬픔 같은 것들이 내재되어 있어서 공감이 가능하다.

원 스트라이크 투 볼 쓰리, 볼
마른버짐을 훑고 가는 바람
깍짓손을 한 형제가 이집 저집을 떠돈다
미싱 앞 앉은뱅이 엄마는
우리를 왔던 곳으로 돌려보내고
멍든 야구 배트에
기대어, 잠을 끌어안는 밤

- 김솔의 시 「캐치볼」 부분

밤은 깊고 바람은 차네
아궁이에 지핀 군불의 불꽃이 사그라지네

빛이 사라진 고향 하늘에
우리 언니 눈썹 같은 달이 흘러가네

장작 타는 냄새가 문턱을 넘고
귀뚜라미 울음이 방문을 두드리네

- 김희진의 시 「고향집」 전문

김솔이 제주도를 떠나 시를 쓰고 있다면 김희진은 제주도에 들어와서 시를 쓰고 있다. 그녀는 주말마다 올레길을 걸었다고 한다. 제주도의 풍광에 빠진 그녀는 길을 걸으며 제주도 사람이 되어갔으리라. 외지인과 내지인의 두 눈을 지닌 그녀는 제주도의 삶 속에서 공감대를 형성하려고 한다. 그것은 서귀포에 위치한 '동홍분식 정류장'에서 만날 수도 있고, 멀리 떠나와 보니 고향이 그리워 '비 젖는 비릿한 집' 냄새를 맡기도 한다. 그 고향은 이곳에서도 만날 수 있는 것으로 김희진은 옛집을 보며 고향집을 떠올렸을 터. 우리는 어디로 가든 결국 고향으로 간다.

삶에 대한 깊은 울림을 전하는 시로 송두영의 시를 빼놓을 수 없다. 송두영은 공무원이다. 왠지 시하고는 거리가 먼 직업 같지만 그와 얘기를 나누어보면 고향 마을 삼촌의 마음을 지니고 있음을 느낄 수 있다. 그는 시조를 쓰기도 해서인지 운율이 차분하고 정돈되어 있다. 시 「더럭분교」를 읽노라면 단정한 모범생의 리듬이 전해온다.

눈을 뚫고 가늘게 생명이 올라온다
찬바람에 몸을 바르르 떤다
곧 쓰러질 것 같은 저 작은 몸짓이
몇 번의 링거를 맞아야만 지나가는
나의 긴 겨울과 다르지 않다

추위에 익숙하지 않기는

서로 마찬가지지만

곧 계절이 바뀐다는 것도 알아

견디는 것이다

- 송두영의 시 「입춘 전」 전문

시 「입춘 전」은 그의 시가 자연 속에서 순응적인 삶의 자세를 보인다는 것을 증명한다. '생명'은 '눈을 뚫고 가늘게 올라온다'. 겨울은 '링거'의 계절이어서 병원에 입원 중인 정서가 된다. 계절이 바뀌어 희망을 기다리는 것이 아니라 계절은 바뀔 테고 '나'는 또 견뎌야 한다. 그러한 견디는 마음으로 시를 쓰는 시인이 송두영이다.

안은주 동인은 여러 문예지의 최종심에 오르기만 반복하며 이상하게 그 문턱을 넘지 못해 주위 동인들에게서 안타까움을 받고 있는 인물이다. 그녀는 준비된 시인이다. 10년 넘게 습작기를 거치면서 그녀의 시는 오래된 정제의 과정을 보냈다. 그녀의 시를 읽으면 그녀의 시 바탕에는 시난고난한 삶이 있음을 알 수 있다. 하지만 그 삶의 사연은 잘 드러나지 않는다. 그 삶은 자신이 아닌 타인을 향해 있다. 그런데 이 타인이 타인 그대로의 모습으로 존재하지는 않는다. '부엉'이 '뛰어난 관찰력으로 그녀를 어둠 속으로 가져갈' 때의 '그녀'는 누구인가. '마술사의 하얀 손가락 같은 밤, 밤새 층과 층 사이를 연결하는 계단처럼 뱅뱅 빠져나가지 못한/그녀의 그림자'는 누구의 것인가. 타인으로 지칭된 '그녀'의 내면은 시인 자신이 아닐까.

> 절망의 시절을 휘적휘적 걸으며 나는 후견인도 없는 고아가 되어 있었다. 태풍 속에서 뭍으로 떠밀려 와 죽은 물고기들도 아무 말이 없었다. 연속된 태풍 속에서 뻘 속에 잠겨 있는 흰 조개껍데기처럼 버려진 말들을 밤새 썼다.
>
> 내 속에 감금당한 내 목소리는 악다구니처럼 밀려온 파도에 떠밀려 소통이 아닌 실물이길 바랐다. 흔한 듯 태풍이 끝난 이른 아침, 해안가에서 엎어졌다 뒤집혔다 하는 물고기들이 누렇게 혹은 하얗게 널려 있었다.
>
> \- 안은주의 시 「하프타임」 부분

그녀의 습작기는 지난했을 텐데 그녀의 시가 정형화되어 있지는 않다. 계속 새로운 형식과 내용으로 쓰는 시편은 시에 대한 다짐으로도 들린다. 그러한 긴장감은 시 「하프타임」에 잘 나타나 있다. '바닷바람은 내가 무엇에 집착하려는 걸 알아채곤 내성 발톱을 가진 말들로 따귀를 때린다.' 그녀는 미등단이지만 등단한 여느 시인 못지않은 시의 완성도를 지니고 있다. 등단했다고 해서 안주해버린 시인에 비하면 그의 오랜 습작기는 그녀에게 큰 도움이 될 것을 믿는다. 그래서 등단이라는 절차를 생각하지 않으면 이미 그녀 시의 세계가 '하프타임'에 있다. 그러므로 앞으로 그녀의 시가 더욱 기대되는 이유도 여기에 있다.

열정의 지도를 따라
그 길로 산책을 하다 보면
다다르는 그곳에 붉은 눈망울
꽃잎으로 폭포를 내리는 너를 만난다
널브러진 너의 다리
하염없이 벌려진 그 사이에
들켜버린 밀애가 숨을 쉬고 있구나
숨겨왔던 구멍 속으로
담금질을 하다 보면
신음으로 쓸어 내리는
아편 같은 미소가 바늘을 뽑았다
내가 너를 사 온 것처럼
나 역시 너에게 나를 팔고 싶다.

- 오유경의 시 「고등어」 부분

오유경은 대상을 관찰할 때 그 대상의 내부를 투시한다. 그 내부는 투명하고 아리다. '아편 같은 미소'로 전해오는 떨림은 결국 대상을 바꿔 '너에게 나를 팔고 싶다'라고 말하게 된다. 그러면서 마지막에 '그렇게 맛있니?'라고 대상에게 묻는다. 이 물음은 자조이겠지만 세상에 대한 힐난이기도 하다. 이러한 내부투시력은 어머니라고 해서 예외가 아니다. 젖이라는 연결성을 통해 바라보는 어머니의 내부에는 '나'가 있다.

물매화처럼 작은 윤혜정 동인은 시도 들꽃 같다. 그녀의 시 중에서 「비의 수행」은 그녀의 시론을 보는 것 같다. '밑으로 내릴 때에만/비로소 비라는 자신의 이름을 얻는 비'라는 비의 정의는 겸손한 그녀의 시작법을 닮았다. '비'라는 '짧은 한 음절을 얻기 위해' '비'가 '수행'을 한다고 여기는 그 마음이 시인의 마음이 아니라고 누가 말할 수 있을까. 장담하건대 머지않아 이 수행의 결실인 '미나리아재비'가 다소곳하게 피는 것을 우리는 목도할 수 있을 것이다.

사라진 마을 하동 저수지 둑길 위로
비가 내린다
밑으로 내릴 때에만
비로소 비라는 자신의 이름을 얻는 비
짧은 한 음절의 이름을 얻기 위해
비는
지금도,
수행 중입니다
얼마나 더 밑으로 내려가야

내 이름을 가질 수 있을까요
얼마나 더 수행을 해야
저수지 둑길 위의 미나리아재비 한 송이
피울 수 있을까요

- 윤혜정의 시 「비의 수행」 전문

과작이긴 하지만 이민화의 시는 신뢰할 수 있다. 그녀는 시를 쉽게 쓰려고 하지 않는다. 며칠을 고민한 뒤에 한 행 쓰고 다시 고민하는 것을 반복하여 완성한 것으로 보이는 시들은 그러한 과정을 거쳐서인지 대개 구성이나 내용의 밀도가 깊다. 낱말 하나도 대충 쓰려고 하지 않는다. '간간이 바람소리가 문틈을 기웃거리'고, '베개 밑으로 파도소리 모였다 흩어지고', '파도가 지나간 자리/아랫목에 동백꽃 붉게 피'는 것을 시의 환각이라 명명한다면 감각의 연장선에서 낱말을 주워 붙이는 작업을 하고 있는 셈이다.

이번 동인지의 표제시는 이민화의 시 「플라스틱 아일랜드」이다. 난개발이 횡행하는 요즘 제주도에서 이 시는 디스토피아로 미래의 제주도를 예언하는 것 같아 암담하다. 우리가 제주를 노래하는 것이 음풍농월이 아니라면 이러한 비판적 시각이 필요하다. 문제제기 없이 더 나은 삶이 있을 수 없다. 개발의 그림자 역시 그늘이며 이민화는 그 그늘도 시로 형상화하는 것이다.

엄마가 물어다준 먹이는 모두 플라스틱이었어. 콜라병뚜껑, 바비 인형의 파란 눈, 햇빛에 쪼개지고 부서진 플라스틱 조각들뿐이었지. 언제나 배가 불렀지만, 똥이 나오지 않았던 거야. 이제야 고백하지만 사실 똥이 마렵지 않았어. 엄마도 아마 알았을 거야. 하지만 어쩔 수 없었겠지. 나는 배부른 채 굶어 죽었어. 엄마는 똥을 잘 싸는지 모르겠어.

- 이민화의 시 「플라스틱 아일랜드」 부분

함께 춤춰 볼까?
연인들의 속삭이는 박자에 따라
거울 속 나도 춤을 추고 있다.
발사위는 자유롭게
엘리베이터 문이 열리고
무대에 막이 오른다.

- 정지은의 시 「방랑자」 부분

정지은은 썩어가는 귤을 보고 '갈색꽃'이 폈다고 말할 줄 아는 천부적 시인의 심성을 지니고 있다. 이는 '라음'의 뜻과도 일맥상통한다. 가족애가 짙으면서도 내면에는 '방랑자'를 꿈꾸고 있는 것을 보면 그녀의 내면에는 시가 오롯이 있음을 충분히 직감할 수 있다. 사물을 바라보며 시상을 떠오르고 있을 그녀의 밝은 미소가 떠오른다.

'어린왕자' 정현석은 동심을 지니고 있다. 이 동심은 유치한 것이 아니라 시의 본령으로서의 순수를 뜻한다. 시어가 정직하고 비트는 비유를 사용하지도 않는다. 아무래도 '라음'에서 가장 젊어서인지 감각이 드문드문 빛을 발해 감탄하게 만들곤 한다. 아파트 불빛이 켜지고 꺼지는 것을 보며 '실로폰'을 상상한 것은 대단한 발상이다. 이러한 좋은 발상은 운이 좋아서가 아니라 언제나 대상들에 대하여 귀를 기울이고 있기 때문에 가능한 일이다. 그러므로 '버스 맨 뒷자리에 앉아' 날아오르는 버스를 상상한 것은 건강한 상상이다. 미래가 기대되는 젊은 동인이다.

건너편 아파트에 불빛이 하나둘 켜진다.
계이름에 맞춰 실로폰을 두드리듯
잠들었던 어둠이 깨어난다.
이퀄라이저처럼 빠르게 오르내리는 불빛
거대한 사람의 숲에 연주회가 시작된다.

- 정현석의 시 「실로폰 아파트」 부분

지금까지 부족한 필력으로 동인들의 시에 대해서 가타부타 말을 늘어놓았다. 가능하면 '라음' 동인이 아닌 외부 평론가에게 맡겨 '라음'의 방향을 점검하려고 했지만 여의치 않아 내부 사람인 필자가 글을 쓰게 된 점을 송구스럽게 생각한다.

제주도에는 '라음' 같은 시문학 동인이 몇 있다. 우리는 왜 시를 붙잡고 있는 것일까. 사실 각각 동인의 색깔이 분명하게 다르지는 않다. 어떠한 인연으로 모여 있을 뿐이다. 혼자 시를 쓸 수도 있다. 동인을 하더라도 결국 시는 혼자 쓰는 일이다. 동인을 다른 말로 문우라 할 수 있다.

앞에서 말한 '라음'의 뜻을 거꾸로 해서 "어두운 곳에서 밝은 곳을 지향한다"로 통해도 '라음'의 뜻이 된다. 각자의 시 색깔은 다르더라도 지향점은 같다. 우리는 같은 곳을 바라본다. 그곳이 시의 어떤 곳일지는 모르지만 우리는 간다. 그 시의 길에서 외롭지 않게 시를 쓸 수 있는 시 벗이 있다면 이보다 더한 기쁨이 어디 있으랴. 우리는 프리즘을 통해 제주도를 바라본다. 색깔은 다 다르지만 여러 가지 색깔이 모여 아름다운 스펙트럼이 일어날 것을 믿는다.

라음동인

'라음'은 계이름 중에서 가장 경쾌한 '라'와 그늘 '음(陰)'을 합친 말이다.

"즐거움 속에서 슬픔을, 밝은 빛 속에서도 어둠을 찾자."라는 뜻이 담겨 있다.

http://cafe.daum.net/kopang

라음동인지 네 번째 묶음

플라스틱 아일랜드

초판 인쇄 2015년 12월 7일
초판 발행 2015년 12월 14일

지은이 라음동인
펴낸이 김영훈
펴낸곳 도서출판 한그루
출판등록 제651-2008-000003호
주소 제주도 제주시 천수동로2길 23
전화 064 723 7580
전송 064 753 7580
전자우편 onetreebook@daum.net
블로그 onetreebook.com

이 도서의 국립중앙도서관 출판예정도서목록(CIP)은
서지정보유통지원시스템 홈페이지(http://seoji.nl.go.kr)와
국가자료공동목록시스템(http://www.nl.go.kr/kolisnet)에서 이용하실 수 있습니다.
(CIP제어번호: CIP2015032763)

이 책은 제주문화예술재단에서 제작비의 일부를 지원받았습니다.

ISBN 978-89-94474-25-0 03810

값 8,000원